JR北海道の危機

日本からローカル線が消える日

佐藤信之
SATO, Nobuyuki

イースト新書
091

はじめに

二〇一一（平成二三）年、ＪＲ北海道の石勝《せきしょう》線で特急列車の炎上事故が発生した。同社はそれ以前からさまざまな構造的な問題を抱えていた。

当時、ネット上の同社の労働組合のウェブを見ると、彼らが体制側とみなしていた組合への攻撃で埋めつくされていた。この会社の病巣が深刻であることは一目瞭然だった。

その後も事故が多発したことは周知のことであるが、居眠り運転、職員によるＡＴＳ（自動列車停止装置）機器の破壊など、不祥事というにはあまりにも問題が深刻であった。

それから二年半後、函館《はこだて》本線の大沼《おおぬま》駅で貨物列車が脱線した。それだけならば、北海道では貨物列車の脱線は自然災害を含めて頻発していたので、そう驚くことはなかったが、その後、線路の検査データが改竄《かいざん》されていたことが判明した。補修が必要な数字を小さく記録して、補修していなかったのである。

これが恒常的に行われていて、しかも全社規模で行われていたことがわかった。現場の、このような安全を無視した行為を、本社はまったく認識していなかった。

ＪＲ北海道は収支が悪化するなかでコスト削減を進めた。本来なら、列車の運行に関連する部分は安全性に十分配慮すべきであったが、結果的に現場の要員不足で補修に手が回らず、やむなくデータを改竄していたのである。

つまり、現場の職員の不祥事という矮小化された問題ではなく、会社の体質自体に問題の根元があった。

ただ、このような体質は、いま生じたというわけではなく、日本国有鉄道（以下国鉄）時代からのものもあるかもしれないし、ＪＲへの移行自体に問題があったのかもしれないし、ＪＲに移行して以降の経営者の資質の問題だったかもしれない。この問題を理解するには、昔にさかのぼって詳細に検証する必要があるだろう。

本書では、まず最近のＪＲ北海道の不祥事を簡単に振り返り、また二〇一六年七月二九日にＪＲ北海道が発表した『「持続可能な交通体系のあり方」について』、一一月一八日の『当社単独では維持することが困難な線区について』の文書によるバス転換や「上下分離」など経営方式を変更の提案に関する、国、北海道、市町村、市民団体の取り組みを総覧する。そのうえで、国鉄時代、ＪＲ発足以降という順で、今日《こんにち》の問題の背景について検

図表1　「北海道4000km」時代の北海道の国鉄路線図（1983年）
出典：各種資料より編集部作成

討を進める。

一九八三（昭和五八）年には四〇〇四・一kmあった北海道の国鉄路線は、JR北海道の発足時には三一七六・六km、現在では二五五二・〇kmにまで減っている。JR北海道の発表では、五八五・九kmしか単独での維持ができないとしている（図表1）。国鉄時代の路線網と、単独維持可能路線のみの路線網を比較した図がインターネット上で拡散され、大きな話題を呼んだ。

　なお、車両や列車について細かく記述するが、これは鉄道会社にとって車両や列車が、いわば商品だからである。鉄道会社を論ずる場合には車両や列車まで踏み込む必要がある。

また、国鉄がＪＲになった際に、それまでは国が経営していたということで、さまざまなデータが公開されていたのが、ごくわずかなものを除いて非公開になってしまった。それでもＪＲ本州三社とＪＲ九州は株式を上場しているため、有価証券報告書が公開されているほかに、会社のサイトでさまざまなデータが公開されている。

しかし、ＪＲ北海道、ＪＲ四国と、一年前までのＪＲ九州については、ごくわずかなデータしか公開していない。そのようなかぎられた情報で問題を分析することは難しい。おのずから限界があることを断っておく。本書をまとめるにあたっては、基本資料として、『鉄道統計年報』と、インターネット上で公開されている決算の概要、『事業計画』を用いたほか、膨大な新聞記事を参照した。

また、北海道教育大学の武田《たけだ》泉《いずみ》准教授には、写真の提供などでご協力いただいた。感謝の意を表したい。

佐藤《さとう》信之《のぶゆき》

ＪＲ北海道の危機　目次

はじめに 003

第一章 溶けてゆくＪＲ北海道

四八％の路線が単独維持困難……「路線再編計画」の衝撃 018
炎上する列車内で乗客に待機を指示した車掌 019
相次ぐ経営幹部の「怪死」 021
「再生推進会議」で議論された厳しい経営状態 025
輸送密度二〇〇人未満――バスなどへの転換を求める 030
輸送密度二〇〇人以上二〇〇〇人未満――新たなしくみを協議 039
すでに話し合いを始めている路線――積極的廃線を提案した夕張市 048
札幌圏と輸送密度四〇〇〇人以上――維持可能な路線の動向 054

路線見直しに対する道の反応 055
路線見直しに対する国の反応 060
全国のローカル線問題① JR四国 062
全国のローカル線問題② JR九州 063
全国のローカル線問題③ JR東日本 066
全国のローカル線問題④ JR西日本 070

第二章 JR北海道と地方消滅

「経営安定基金」に頼るJR北海道、四国、九州 076
安全運行を阻む社員の高齢化と労使問題 079
「霞が関埋蔵金」による支援も 084

「貨物列車」というリスク 092
経営を圧迫する貨物のための「過剰すぎる」施設 096
JRグループを追いつめる高速道路無料化 099
政争の具となった高速道路料金 101
このままでは日本の公共交通全体が危ない 104

第三章 国鉄がつくったローカル線問題

意義のあるローカル線建設とは 110
ローカル線建設を推進した日本鉄道建設公団法 114
あの人気路線にも建設中断危機があった 118
同時に進められた廃止と建設 123

国鉄改革で参考とされた海外の鉄道政策 126
「赤字八三線」の選定 128
「特定地方交通線」の選定 132
建設された工事線、凍結された工事線 135

第四章 国鉄時代の北海道の鉄道

数字で見る北海道特有の事情 144
数字で見る北海道の鉄道 146
産業政策に翻弄された鉄道路線 153
国鉄が取り組んだ特急列車網の拡大 156
道東の大動脈となった石勝線の建設 161

函館本線、千歳線、室蘭本線の電化 164
赤字八三線、炭鉱路線の廃止 166
「急行」の特急化 173
「汽車型ダイヤ」から「都市型ダイヤ」への転換 176
「鉄道vs.高速バス」の攻防 178
高速バス路線の開設をめぐる「大人の事情」 187

第五章 国鉄解体とJRグループの誕生

最初から危惧された本州と三島の格差 190
JR三島会社をとりまく厳しい経営環境 194
ローカル線改革の切り札となった権限委譲 199

崩れゆく鉄道の優位性 203
生き残りの道は「高速化」しかない 206
ローカル線建設から幹線高速化へのシフト 209

第六章 JR北海道が輝いていた時代

バブル経済で豪華車両が続々登場 214
「ジョイフルトレイン」の誕生 216
青函トンネルの開業 218
「一本列島」誕生によるダイヤ改正 223
貨物列車も高速化を実現 226
「札幌駅高架化」によるダイヤ改正 228

特急列車「時速一三〇㎞時代」に突入した幹線 231
「都市型ダイヤ」への改革を図った札幌圏の路線 247
スクラップ・アンド・ビルドが進んだローカル線 256
魅力ある観光列車が続々登場 266
厳しい自然環境との戦い 272

第七章 ＪＲ北海道はどこで道を誤ったのか

高速化より効率化を重視する戦略 276
空港輸送にシフトした札幌圏の路線 290
効率化による減便が進むローカル線 295
縮小を迫られた夜行列車 299

北海道新幹線の開業は何をもたらしたか　302
サイドビジネスの展開　303
関連会社の再編と「Kitaca」の可能性　308

終章　JR北海道復活への提言

設立当初のフレームワークを見直すべし　314
インフラを行政が保有する「上下分離方式」にすべし　316

あとがきにかえて　318

写真提供：武田泉（北海道教育大学准教授、特記以外）

第一章 溶けてゆくＪＲ北海道

四八%の路線が単独維持困難……「路線再編計画」の衝撃

ＪＲ北海道は二〇一六（平成二八）年七月二九日に「持続可能な交通体系のあり方について」と題する「提言書」を発表した。「安全な鉄道サービス」を持続的に維持するための費用をどのように確保していくかを課題とし、そのために「駅の廃止や列車の見直し」「運賃値上げ」「利用促進策」「上下分離」などの施策が必要とした。

鉄道輸送が適している線区か、またはほかの交通機関のほうが利便性、効率性の観点から適している線区かを選別することが重要であるが、その基準として、鉄道が持つ大量、定型、高速輸送の特性の発揮できる分野に経営資源を集中することを提言した。

この特性を発揮できる事例として新千歳《しんちとせ》空港アクセスを取り上げ、バスに比べて輸送力が六倍であり、所要時間は半分であると説明する。それに対し、鉄道は一般に環境負荷が小さく、効率的な交通機関とされるが、利用が少ない場合は、旅客一人あたりで見ると環境にやさしくないうえ、費用も高い交通機関であるとした。

このような問題意識を持ったうえで、「線区毎に協議会等のご相談の場を設けて（沿線自治体と）ご相談させていただきたい」とした。

二〇一六年一〇月二四日の第一〇回ＪＲ北海道再生推進会議では、この「提言書」を受け、「台風被害に乗じて物事を進めるという印象を避けたいのは理解するが、単独では維持することが困難な線区を可及的速やかに公表すべきだ」との意見があった。

これを受けて、JR北海道は一一月一八日に「当社単独では維持することが困難な線区について」を発表した。JR北海道が経営する路線のうち、輸送密度（交通機関の一日一kmあたりの平均輸送量）の小さい路線について、「当社単独では維持することが困難な線区」として、①輸送密度が二〇〇人未満の線区と、②輸送密度が二〇〇〇人以上二〇〇〇人未満の線区に区分し、前者は「バス等への転換について地域の皆様と相談を開始したい」、後者は「上下分離方式」などを軸に鉄道として維持すべきかどうかの検討を行うとした。

これに対してリストに挙がった線区の沿線自治体では「突然の発表」という印象を抱いた。しかし、これは第三者委員会の意見としてJRの考えを代弁させたという印象もある。JR北海道がみずからの判断で発表すると沿線からの反発を受けかねないため、発表にいたるプロセスに第三者の意見を介在させたのであろう。

炎上する列車内で乗客に待機を指示した車掌

二〇一一年（平成二三）五月二七日、石勝線の清風山《せいふうざん》信号場で特急「スーパーおおぞら一四号」が脱線し、そのまま第一ニニウトンネルに突っ込むかたちで脱線して全焼した。この重大事故の前からJR北海道は不祥事や事故が続き、その後も次第に件数が増えてきていた。そこに二〇一三年九月一九日、函館本線大沼駅構内で発生した貨物列車の脱線事故である。この事故では軌間の検測値の異常が上部に伝わっておらず、修正されずに放置されていた。本社はこの情報をいっさい関知していなかったという組織運営上の問題も指摘されている。

このようなJR北海道の問題の背景にあるのは何かを究明することが必要であるが、その後、話題はJR北海道の責任問題に集中した。

「スーパーおおぞら一四号」の重大事故では幸い、乗客の機転によって重傷者が出ずにすんだ。もともとの原因は部品の脱落である。車両のメンテナンスはどうだったのかという疑問。運転士は運輸指令と打ち合わせて状況を確認できないまま、力行によるトンネル脱出を試みた。車掌もまた、乗客に車内での待機を指示したという。一方、乗客は車内に煙が流入する状況のなかで、自主的に車外への避難を開始した。こうした異常時における乗務員の対応が問題となった。

基本的な認識としては、以下のような流れがある。JR発足直後は経営安定基金（後述）の運用益によって、若干の下振れはあるものの、見込みどおりに収支は均衡していた。その後、高速道路網の拡張によって高速バスや自家用車に旅客が流れ、収支が悪化していった。そのような状況のなかで、北海道も第三セクターへの出資というかたちで支援し、鉄道の高速化を進めた。

一九九七（平成九）年の消費税率の引き上げ以後、本格的な消費不況への突入に対し、日銀は金融緩和政策を続け、長期金利が低下していった。経営安定基金の運用益は大幅に減少し、ＪＲ北海道の収支は大きく悪化した。このような厳しい経営環境のもとで、市場における競争の熾烈化《しれつか》に対して特急列車の高速化（時速一三〇㎞）を進めなければならず、施設や車両の設備投資が膨らんだ。基本的に投資の原資になる留保資金がかぎられるため、人員削減と現業の下請け化による経費削減が重要な課題となった。

相次ぐ経営幹部の「怪死」

人員削減によって加重労働が常態化し、下請け化によって本社による現場のモニタリングが疎かになった。

ＪＲ北海道の闇として、このような合理化のなかで、労働組合が勢力維持のための闘争を展開した。ＪＲ北海道はＪＲ総連系の北海道旅客鉄道労働組合（ＪＲ北海道労組）が圧倒的な多数派である。ＪＲ北海道には第二組合として北海道鉄道産業労働組合（ＪＲ北労組）があるが、組合員数はＪＲ北海道労組の一〇分の一にすぎない。なお、ＪＲ北労組はＪＲ連合系で、立ち位置は会社側であった。ＪＲ北海道労組と会社の対立は深刻化し、ＪＲ北海道の現場は会社への不信感で混乱していた。

二〇一一（平成二三）年六月には、八日に札幌《さっぽろ》発新千歳空港行き快速「エアポート七六号」で運転士が居眠りをするという事象があり、一四～一六日には石勝線追分《おいわけ》駅で列車が通過しても信号の表示が青のまま変わらないという重大事故につながりかねない故障が四件あった。

七月八日、札幌中央労働基準監督署がＪＲ北海道についてサンプリング調査。事故や不祥事が相次いだ四月と五月に労働基準法の三六《さぶろく》協定の違反が多数確認された。三六協定とは労働基準法三六条にもとづく労使協定であり、鉄道のように労働時間が不規則な事業では、法定時間外労働や法定休日労働をさせる場合には、あらかじめ労使で三六協定を結んで労働基準監督署に届け出ることが求められるというものだ。

五月の火災事故の対応のため、本社計画部門で協定を結ばずに時間外労働をしていたことに対し、七月二一日に是正勧告が行われたが、違反はこれだけにとどまらず、広範囲で行われていた。二〇一一年六月一八日には異常時のマニュアルが多数作成されており、それぞれ矛盾した内容になっていることから、齟齬《そご》のないマニュアルを作成し、それにもとづいて教育訓練を実施するよう、国土交通省から事業改善命令が出された。

是正勧告や事業改善命令を受けて社内が混乱するなか、九月に改善措置報告書を提出する直前に中島尚俊《なかじまなおとし》社長が失踪し、その後、小樽沖《おたるおき》の海上で遺体として発見された。中島社長は組合に対して柔軟な対応をしてきていたが、三六協定に違反した超過勤務問題で労働組合から突き上げにあっていたという。

JR北海道ではその後も事故や不祥事が続き、二〇一三年九月七日には運転士が自分のミスを隠すために札幌運転所で寝台特急「北斗星《ほくとせい》」の機関車のATS（自動列車停止装置）をハンマーで破壊、翌年一月三〇日に器物損壊の容疑で逮捕された。また、九月一九日には函館本線大沼駅構内で貨物列車が脱線した。

この事故を受けて、国土交通省は二度目の特別保安監査を実施したが、この監査前に各地で検査データが改竄されていたことが判明。保線担当者らは業務上過失往来危険と、鉄道事業法の虚偽報告と検査妨害の容疑で書類送検された。

さらにショッキングな出来事が続いた。二〇一四年一月一五日、坂本眞一《さかもとしんいち》相談役が余市《よいち》港《こう》で遺体として発見されたのである。坂本相談役は執行部の対立二派閥の一方を率いる「JR北海道のドン」と呼ばれる実力者で、一九九六（平成八）年から二〇〇三年までのあいだ、社長の職にあった。その後は会長として先に自殺した中島社長の後ろ盾となっていた。

一月二一日、「JR北海道の安全確保のために講ずべき措置―JR北海道の再生へ―」の発表が予定されていた。国土交通省により、大沼駅での貨物列車の脱線事故などに対する、過去三回実施された特別保安監査の結果などを整理、分析してまとめた報告書である。そこには国の監視下で五年間にわたる再生計画が進められることが明記されていた。

その後、JR北海道には社長に労働組合に厳しい姿勢を示す島田修《しまだおさむ》、副社長にはJR東日本から西野史尚《にしのふみひさ》が就任。JR東日本の支援のもとで経営再生がスタートすることになる。

JR北海道の二〇一四年度の決算内容は、鉄道事業の営業収益は七五六億円で、JR発足時の水準に戻ってしまった。事故が頻発した二〇一二年度以降は減収が続いた。その結果、鉄道事業の営業損益は四一四億円の赤字で、全事業で三八九億円の赤字である。

経営安定基金の運用益三六三億円と経営安定化特別債券利息収入（後述）五五億円で、

四三億円の経常利益となった。この特別債券利息の制度が導入（二〇一一年度）されて以降、三期連続で経常利益を出しているが、その一方で、損益に反映されない安全投資の資金需要が拡大しており、厳しい経営状況に変わりはない。

「再生推進会議」で議論された厳しい経営状態

ＪＲ北海道は二〇一四（平成二六）年一月二四日に国土交通大臣から「輸送の安全に関する事業改善命令及び事業の適切かつ健全な運営に関する監督命令」を受けたことから、会社の業務をチェックする第三者委員会として「ＪＲ北海道再生推進会議」を設置した。弁護士、学識経験者、北海道経済界および高橋《たかはし》はるみ北海道知事が委員として参加し、議長は宮原耕治《みやはらこうじ》日本《にっぽん》郵船代表取締役会長が就任した。一回目の会議は二〇一四年六月一二日に開催された。

当初はＪＲ北海道で相次いだ不祥事に対する議論が続いたが、二〇一六年五月一一日の第九回ＪＲ北海道再生推進会議では「地方閑散線区に関する取り組みの方向性について」が議題となった。

公開されている資料では発言者を特定できないが、委員の発言は「国からの支援策があっても一〇〇年以上前の建物の更新ができておらず、駅や高架橋の耐震化も進んでいない。事業範囲の選択と集中の問題に踏み込まざるを得ない」「弱者切り捨てと言われるが、ただ止めるのではなく、代替交通手段は当然確保されるべき」といった廃止、バス代替の議論につながる意見が見られた。

「鉄道は文化財ではなく地域の足だ。その足は鉄道でなければならないのか」という問いかけもあり、鉄道に好事家が集まろうが、生活交通としての役割が重要なため、別の生活交通を担う適切な交通機関があれば転換することを検討する必要はあるという考えである。

ＪＲ各社は分割民営化以来、国鉄時代に比べて公開されるデータが制約されることになった。とくに、ＪＲ三島《さんとう》会社（北海道、四国、九州）は財務データですら概要しか公開されておらず、経営問題を議論するにはデータが不足している。委員からは「経営自体がかなり厳しいことも説明すべき」「資産残高が非常に少ない」「情報公開すべきだ」との意見が相次いだ。

なお、ＪＲ北海道の二〇一六年度の決算では、鉄道運輸収入が前期より四二億円増加して七二七億円となった。事業計画に対しては二三億円低く、北海道新幹線の開業の効果を享受するのが不十分であったといえる。

北海道新幹線は二〇一六年三月二六日に開業したが、開業後一年間の利用実績は一日あたり約六三〇〇人で、在来線であった前年に比べて一六四%と大幅な増加となった。建設段階での需要予測は五八〇〇人であったが、それを若干上回った。北海道新幹線の運輸収入は一〇三億円で、前年に対して四九億円の増収となった。

しかし、新幹線車両や駅務設備などの営業用設備の減価償却費、鉄道・運輸機構に対する使用料(一億円)、列車の運転経費と乗務員や駅の人件費などの増分を差し引くと、利益はわずかということになるだろう。ただ、黒字であることは確実である。

決算の説明では北海道新幹線の修繕費の増加や新幹線車両や安全対策での減価償却費の増加とあるが、基本的には事故が相次いだために在来線の設備を広範囲に修繕したこと、在来線の特急形気動車の大規模な修繕や車両の新造といった一連のJR北海道問題に起因するものが大きいと考える。

前期には投資費用を捻出するために経営安定基金の評価益を利益計上している。経営安定基金の評価益は貸借対照表の資産の部に計上(一一九億円)してあるが、それに見合った金額が経営安定基金資産に一括して計上されているため、それを処分しないかぎりは利益計上されない。利益計上により、二〇一六年度には経営安定基金資産が前年度より一四四億円減少している。

前期に評価益一一九億円を経営安定基金の運用益に算入していたため、二〇一六年度は一一二億円減少して二三六億円になった。機構特別債券の受取利息として毎年定額の五五億円の収入があるため、JR北海道単体の経常利益は前期の二二億円の赤字から一八八億円の赤字に拡大した。それによって連結経常利益も前期の五四億円の黒字から一〇三億円の赤字に転落した。

特別利益についてはグループ内で最も経営の良好な札幌駅総合開発から追加配当を受けたほか、同社の株式の一部を売却した。

特別損失は石勝線の新夕張《しんゆうばり》−夕張間の廃止が決まったことにより、同区間の鉄道資産を評価替えして評価損を計上したほか、台風の復旧費用として約三四億円が計上された。この一部については国から約五億円の災害復旧事業補助金を受け取ったほか、土木構造物保険として約一一億円が充当された。

最終利益は、単体では前期の五五億円の黒字から一二六億円の赤字に、連結では前期の八四億円の黒字から一四八億円の赤字に悪化した。

二〇一七年度も大幅な赤字が予想されることから、資金収支が厳しさを増すことになるとし、二〇一六年五月から二〇一七年五月まで、北洋《ほくよう》銀行、日本政策投資銀行など六つの金融機関がシンジケートを結成し、設備投資資金として三〇〇億円を融資した。

二〇一六年度は鉄道建設・運輸施設整備支援機構（二〇〇三年一〇月、日本鉄道建設公団と運輸施設整備事業団が合併）からの追加支援として「安全投資と修繕に関する五年間の計画」にもとづいて行う設備投資および修繕に対して設備投資資金六〇〇億円（半分を助成金、半分を無利子貸付）、修繕費に六〇〇億円（無利子貸付）の支援を実施した。

ＪＲ北海道の島田社長は二〇一六年一一月二一日に北海道庁を訪れて高橋知事に「提言書」などの内容を説明し、同日に池部《いけべ》彰《あきら》南富良野《みなみふらの》町長に説明した。『朝日《あさひ》新聞』によると、島田社長は取材に対し、「ＪＲ単独負担での復旧は不可能。利用人数からも、バスの方が低コストで便利なサービスを提供できる」と主張したという。

二四日にはＪＲ北海道の小山俊幸《こやまとしゆき》常務、一條雅弘《いちじょうまさひろ》経営企画本部地域交通改革部専任部長が新十津川《しんとつかわ》町と秩父別《ちっぷべつ》町を訪問し、札沼線の一部区間と留萌《るもい》本線のバス転換の意向を説明した。熊田義信《くまだよしのぶ》新十津川町長は鉄道存続を求め、神藪武《かみやぶたけし》秩父別町長は、もし廃止した場合でも、バスのほうが住民にとって利便性が向上しなければならないとした。

輸送密度二〇〇人未満――バスなどへの転換を求める

「当社単独では維持することが困難な線区」のうち、輸送密度二〇〇人未満の線区である三路線三区間について、沿線自治体に対し、バスなどへの転換について協議を求めることになった（以下、具体的な路線名については図表2を参照）。

1 札沼線　北海道医療大学 - 新十津川

札沼《さっしょう》線の桑園《そうえん》 - 新十津川間のうち、末端の北海道医療大学 - 新十津川間四七・六㎞がバス転換路線に選定された。輸送密度は一九七五（昭和五〇）年の五八二人が、二〇一五（平成二七）年には七九人に減少した。現在上下一五本を運行するが、浦臼《うらうす》 - 新十津川間は朝の一往復だけである。一年間の赤字は三億五〇〇〇万円である。

ＪＲがリストを発表したのを受け、熊田新十津川町長は定例議会で「月形《つきがた》町、浦臼町と対応していきたいが、現段階ではＪＲが沿線三町の地域のことを、あまりにも理解していない」「まずは（ＪＲが）はそのことを解決していかないと沿線三町との協議会の話にならない」と答弁した（『北海道新聞』）。

一二月一一日に新十津川町、月形町、浦臼町の三町長はＪＲ北海道の本社を訪問して会社側の考えをただした。これを受けて、一二月一六日にＪＲ北海道の小山常務と一條専任部長が島田社長の回答書を浦臼町に持参した。

その内容は、「地元負担で鉄道を維持しても十分な観光資源になり得ない」「月形高校の今年の通学利用は三七人で、バス一台で十分輸送可能」「一〇〇円の収入を得るのに二二倍以上の経費が必要。利用促進に取り組んでも、大きな改善効果は期待できない」というものであった。そのうえで、沿線協議会の設置を要請した。

これに対し、斉藤純雄《さいとうすみお》浦臼町長は「協議会は視野に入れているが、沿線自治体を超えた問題。国や道も加わる必要がある」として判断を保留した。

二〇一七年一月二五日新十津川町、二月一六日浦臼町で住民説明会を実施。ＪＲ北海道の一條専任部長はバス転換によってコストが大きく低減することになるばかりでなく、住民にとっても利便性が高まることを強調した。

地元でも体制を強化するため、二〇一七年三月二九日浦臼町役場で空知《そらち》管内の新十津川町、浦臼町、月形町の各町長が協議して石狩《いしかり》管内の当別《とうべつ》町を加えることを決めた（北海道は各地に総合振興局、そのもとに振興局を設置している）。

その後、北海道庁が沿線自治体の話し合いにかかわるとの表明があり、二〇一七年四月

線名・区間		平成27年度				
		営業キロ（km）	輸送密度（人/キロ/日）	1列車平均乗車人数（人）	営業損失（百万円）	営業係数
札沼線	北海道医療大学～新十津川	47.6	79	7	351	2,213
根室線	富良野～新得	81.7	152	11	979	1,854
留萌線	深川～留萌	50.1	183	11	683	1,342
輸送密度200人未満の線区　計		179.4	141	10	2,013	-
宗谷線	名寄～稚内	183.2	403	25	2,541	618
根室線	釧路～根室	135.4	449	26	1,076	517
根室線	滝川～富良野	54.6	488	23	1,183	1,010
室蘭線	沼ノ端～岩見沢	67.0	500	32	1,117	965
釧網線	東釧路～網走	166.2	513	34	1,617	561
日高線	苫小牧～鵡川	30.5	※589	※29	※443	※803
石北線	新旭川～網走	234.0	1,141	51	3,568	324
富良野線	富良野～旭川	54.8	1,477	49	956	363
輸送密度200人以上2,000人未満の線区　計		925.7	698	37	12,501	-
石勝線	新夕張～夕張	16.1	118	7	150	1,188
日高線	鵡川～様似	116.0	※186	※13	※1,100	※1,476
既に話し合いを始めている線区　計		132.1	178	12	1,250	-
当社単独では維持することが困難な線区　計		1,237.2	562	31	15,764	-
石勝・根室線	南千歳～帯広	176.2	4,213	131	1,686	127
室蘭線	長万部～東室蘭	77.2	5,106	137	444	115
室蘭線	室蘭～苫小牧	65.0	7,270	121	1,882	156
函館線	岩見沢～旭川	96.2	9,538	113	2,865	147
札沼線	桑園～北海道医療大学	28.9	17,359	216	2,175	105
函館線	札幌～岩見沢	40.6	43,994			
函館線	小樽～札幌	33.8	44,981			
千歳・室蘭線	白石～苫小牧	68.0	44,812			
当社単独で維持可能な線区　計		585.9	16,189	180	9,052	-
宗谷線	旭川～名寄	76.2	1,571	48	2,109	384
根室線	帯広～釧路	128.3	2,266	70	3,288	250
北海道高速鉄道開発（株）関連線区　計		204.5	2,007	62	5,397	-
北海道新幹線	新青森～札幌	※※360.3	-	-	-	-
当社が維持可能な線区　等　計		1,150.7	12,536	167	14,449	-
函館線	長万部～小樽	140.2	690	38	2,168	573
函館線	函館～長万部	147.6	3,799	120	4,969	206
北海道新幹線並行在来線　計		287.8	2,284	91	7,137	-

※：平成27年1月より盛土流出で運休しているため、平成26年度実績を使用（平成26年12月までの実績）。
※※：新函館北斗～札幌は工事延長。また海峡線（木古内・中小国間）の営業キロは北海道新幹線に含む。

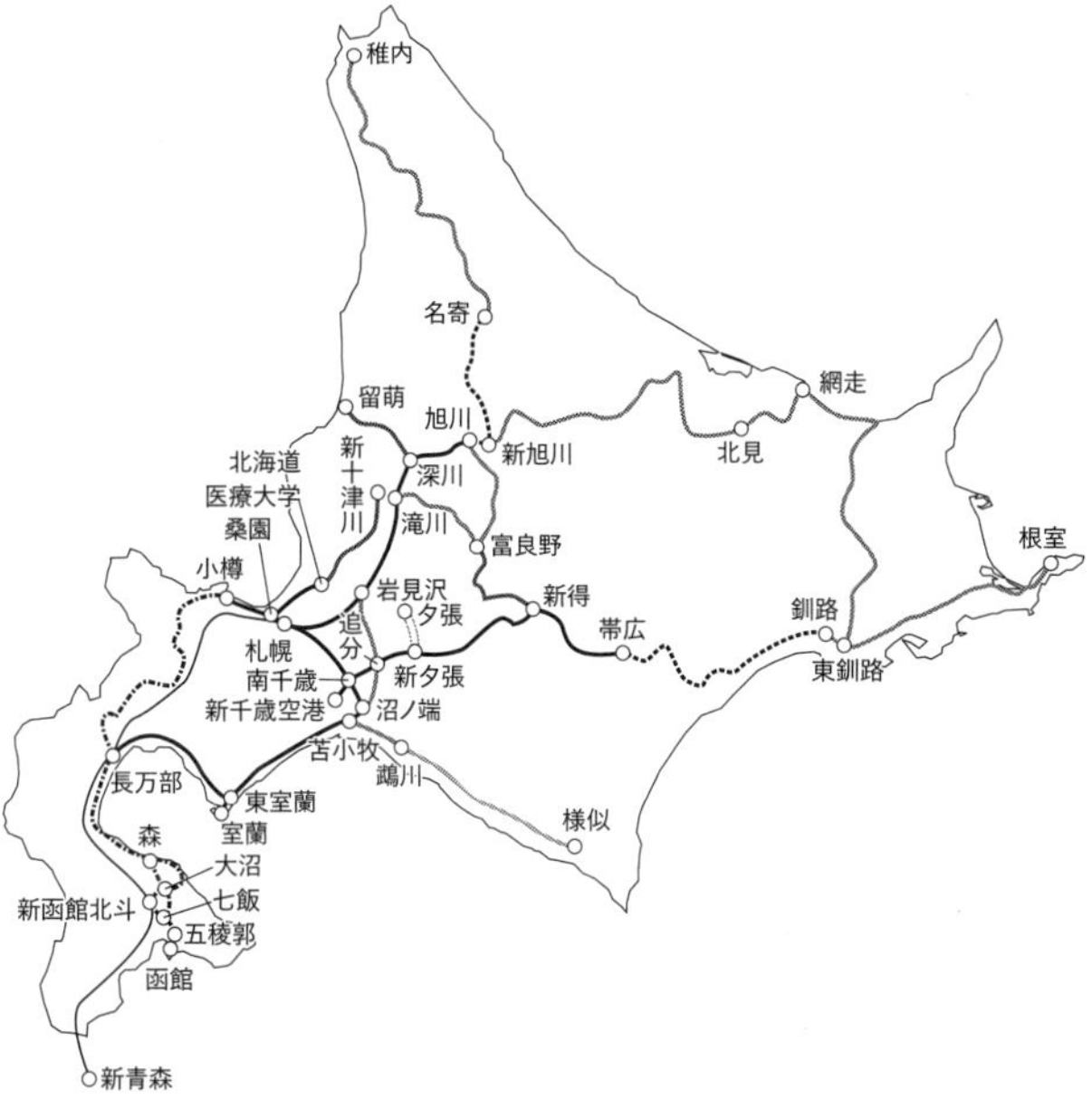

当社単独では維持することが困難な線区
（13線区・1,237.2km）

- 輸送密度200人未満（片道100人未満）の線区
  持続可能な交通体系とするためにバス等への転換について相談を開始します
- 輸送密度200人以上2,000人未満の線区
  鉄道を維持する仕組みについて相談を開始します
- 既に「持続可能な交通体系のあり方」について話し合いを始めている線区
- 〃（方向性が出た線区）

当社単独で維持可能な線区 等
（11線区・1,150.7km）

- 当社単独で維持可能な線区
- 北海道高速鉄道開発（株）関連線区
  当面は当社で維持していきますが、線区を持続的に維持するために北海道高速鉄道開発（株）との関連で検討します
- 北海道新幹線（平成42年度末までに札幌開業）
- 北海道新幹線札幌開業に伴う経営分離区間

図表2　JR北海道が発表した単独維持困難線区

出典：JR北海道「当社単独では維持することが困難な線区について」（平成28年11月18日）より編集部作成
https://www.jrhokkaido.co.jp/pdf/161215-4.pdf
https://www.jrhokkaido.co.jp/pdf/161215-5.pdf

二一日には、岩見沢《いわみざわ》の空知総合振興局にて沿線四町（月形、浦臼、新十津川、当別）が北海道庁を交えて会合した。その場ではJR北海道の小山常務から経営状況についての説明があり、二〇一六年度の純損失が一二二億円で二期連続の最終赤字であったことを強調した。

会合を終えて、四町長は、この場では、同社との協議に入ることを当面見送ることで一致した。四町側の幹部が明かしたところでは、早い段階でJRとの協議に入ると、住民から「廃線を受け入れたうえでの条件闘争」との疑いを招きかねず、さりとて協議入りが遅すぎると、仮に廃線を受け入れた場合にJRから好条件が引き出せないとの判断であった（『北海道新聞』）。ただ、これは新聞で広く知られてしまったわけで、JRにとっては交渉に好材料を得たことになる。

五月二六日に四町長は当別町役場でJR北海道の小山常務から説明を受け、その後、四町長で意見交換会を行ったが、国や道のJR支援を見きわめたうえでJRとの協議入りを判断するという結論となった。上坂隆一《うえさかりゅういち》月形町長はマスコミの取材に、「四町でスクラムを組みたい」「（町内では）部分的な廃止だからといって賛同するつもりはない。存続の道を探り、新たなアイデアを提案したい」と表明した。

六月二九日にはJR北海道の島田社長が月形町、浦臼町、新十津川町、当別町を訪れて各町長と会談。七月四日に四町長は新十津川町で二回目の意見交換会を開催し、北海道庁への要望書について協議したが、「統一した意見をまとめるまでにはいたらなかった」。

宮司正毅《みやじまさき》当別町長はマスコミに対し、要望書は札沼線を新十津川駅から滝川《たきかわ》駅に延伸して利用者増を図ること、私鉄会社に売却して存続を図ることなどを求める案であることを明かした。これが提案内容であるなら、JR北海道だけで解決する問題ではなく、双方の思惑は再び隔たりを見せることになる。

なお、月形町にある北海道立月形高校の存続問題があり、月形町は存続を目指し、卒業生に対し、大学進学には五〇万円、短大には三〇万円、専修学校には二〇万円を支給することを決定した。二〇一七年の卒業生では二〇人ほどが対象になった。生徒数が減少しているが、JR北海道が札沼線の一部区間の廃止を進めていることが影響しているものと考えられている。

2 根室線 富良野‐新得

根室《ねむろ》本線滝川‐根室間のうち、富良野‐新得《しんとく》間八一・七kmがバス転換路線に選定された。現在上下一三本の旅客列車を運行している。現在は道東《どうとう》へのルートは石勝線経由がメインであるため、旅客の減少は著しく、輸送密度は一九七五年の五八七六人から、二〇一五年には一五二人にまで減少した。一年間の赤字は九億八〇〇〇万円である。

二〇一六年夏の台風によって幾寅《いくとら》‐新得間の線路に土砂が流入したほか、落合《おちあい》‐新得間の第一ルーオマンソラプチ川橋梁の流失など、大きな被害を受けて東鹿越《ひがしかごえ》‐新得間が不通となった。被災直後にJR北海道は社長記者会見で翌春までの復旧を明言していたが、その一一月にはバス転換を検討する路線リストに載り、復旧工事はいったん見送られた。その後、二〇一七年七月一二日には社長の記者会見で、復旧費が一〇億五〇〇〇万円になるが、復旧後路線が維持されるか方向性が決まるまで工事を凍結する考えを示した。

沿線四市一町（滝川市、富良野市、芦別《あしべつ》市、赤平《あかびら》市、南富良野町）は二〇一六年の年末近くになって、既設の「根室本線対策協議会」で対応する意向を表明。一一月一四日に同協議会は富良野において「鉄道フォーラム in 富良野」を開催。千葉県にあるいすみ鉄道の鳥塚《とりづか》亮《あきら》社長が基調講演を行った。また、二〇一七年一月一八日には「根室本線対策協議会」の臨時総会を開き、新得町の加入を決めた。

二〇一七年五月一六日には富良野市で事務レベルの会議を開いたが、これはJR北海道を交えた初の会合である。議論の内容は一〇月下旬を目途に中間報告される予定である。

協議会の事務局を担当する南富良野町は「ＪＲと自治体だけでできる範囲を超えている。国や道にも関与してほしい」としている。

3　留萌線　深川‐留萌

留萌本線は深川《ふかがわ》‐増毛《ましけ》間の路線であったが、二〇一六年一二月五日に留萌‐増毛間を廃止した。残った深川‐留萌間五〇・一㎞は現在、旅客列車が一日上下一七本運行している。輸送密度は一九七五年の二二四五人から二〇一五年には一八三人まで減少した。一年間の赤字は六億八〇〇〇万円である。

バス転換が想定される路線に留萌本線が選定されたことで、坂本光央《さかもとみつお》深川市副市長は「市民にとって重要な路線だ」として驚きを隠さなかった。

山下貴史《やましたたかふみ》深川市長は一二月七日の定例市議会で、「現時点で個別の協議の席に着くことはまったく考えていない」とし、ＪＲを含めたオール北海道で国に対して支援措置を求めていくことが重要であるという考えを表明した。そのうえで、北空知地域一市四町で留萌本線問題に対する協議体を設置したのち、域外の留萌市を含めた組織に移行させたいとした。これはＪＲ北海道が認める協議会とは別の組織である。

一五日には金平嘉則《かねひらよしのり》沼田《ぬまた》町長が定例議会で、ＪＲとの個別協議に入るべきではないと答弁。一六日には深川市議会と妹背牛《もせうし》町議会で、北海道庁に主体的な役割を求める知事宛の意見書を議決した。すでに北竜《ほくりゅう》町、秩父別町、沼田町の各町でも同様の意見書を可決していたため、これで一市四町の議会の足並みがそろったかたちである。

　意見書の内容は「ＪＲが鉄道の存廃を沿線自治体との協議で進めようとするのは『非常に拙速な行為』」であるとし、①国と連携して道内の鉄道輸送の将来ビジョンを描く、②ＪＲに対して財政支援をはじめとする特段の措置を国に求めることを北海道庁に求めるものである。

　一市四町は二〇一七年一月三一日、自治体と経済団体が話し合う協議体として「北空知ＪＲ留萌本線問題検討会議」を発足させた。二月二二日には検討会議会長の山下深川市長が北海道庁を訪れて荒川裕生《あらかわひろき》副知事と面談し、北海道全体がひとつの交渉団をつくり、国に支援を要請していくことを求めた。これに対し副知事は、ＪＲの進め方は拙速であり、北海道庁が中心的な立場となって市長会や町村会と連携したいと返答をした。

　五月一八日には留萌市を含めた沿線二市二町の担当者が意見交換を行い、五月二九日には深川市役所で検討会議の第二回会合を開催した。ＪＲとの協議は国の支援を前提とし、国などに対して独自に支援要請することなどを検討した。続いて、七月三日の会合では、近く予定されていた空知総合振興局の「空知地方総合開発期成会」による北海道運輸局への要請を見守ることで合意した。

輸送密度二〇〇〇人以上二〇〇〇人未満——新たなしくみを協議

輸送密度二〇〇〇人未満は、国鉄時代なら特定地方交通線として廃止対象とされる路線は七路線八区間あるが、経費節減、運賃値上げ、利用促進策、上下分離など、鉄道を維持するためのしくみについて協議したいとした。必ずしも廃止を前提としていないのが先の三線区と異なる点である。しかし、このような措置を講じても鉄道を維持すべきかどうか、ほかの交通機関での代替が効率的かを検討するとしている（以下の路線のうち、根室線の滝川 - 富良野間、室蘭《むろらん》線の沼《ぬま》ノ端《はた》 - 岩見沢間、石北線の新旭川《しんあさひかわ》 - 北見《きたみ》間は貨物輸送がある）。

なお、「〇〇本線」を「〇〇線」と記している箇所は出典のままとした。「〇〇本線」の支線まで含めた路線群の総称として「〇〇線」と呼ぶこともあるが、北海道ではほとんどの支線が廃止されているため、「〇〇本線＝〇〇線」と見ておおむね問題はない。

1　宗谷線　名寄‐稚内

宗谷《そうや》本線は旭川から稚内《わっかない》までの路線であるが、バス転換が提案されたのは、そのうちの名寄《なよろ》‐稚内間一八三・二㎞である。現在は特急上下六本、普通上下一四本を運行する。輸送密度は一九七五（昭和五〇）年の一八七八人から二〇一五（平成二七）年には四〇三人まで減少した。一年間の赤字は二五億六〇〇〇万円である。

二〇一七年三月三〇日に宗谷本線沿線の二四市町村でつくる「宗谷本線活性化推進協議会」が名寄市で北海道庁と意見交換会を実施。ＪＲとの協議を始めることで合意した。「維持困難路線」（上下分離）で沿線自治体とＪＲが協議に入るのは初めてである。

また、バス転換路線とは違って、当面は鉄道の存続が前提となる路線については急ぐ必要がないのかもしれない。旭川‐名寄間は第三セクター「北海道高速鉄道開発」が高速化工事を実施した区間であるため、今回は存廃や経営方式の変更の議論からは外れている。

北海道の「鉄道ネットワークワーキングチーム」の報告書（二〇一七年二月七日提出）では札幌と中核都市を結ぶ路線、宗谷地域の路線が維持されるべきとされたことから、協議は比較的順調に進み、二〇一七年四月一四日には名寄市でＪＲ北海道を交えての実務者会議が開催された。この会議には北海道運輸局もオブザーバーとして参加した。

加藤剛士《かとうたけし》名寄市長は国会でも自民党でプロジェクトチームが発足し、国や北海道庁において前向きな議論ができる環境が整いつつあるという認識を示し、二〇一七年度中に結論を出す意向である。

また、二〇一七年五月二五日に高橋知事は最初の現地訪問として名寄市で加藤市長らと意見交換を行い、宗谷本線の名寄－塩狩《しおかり》間を乗車した。

2 根室線 釧路－根室

この区間は根室本線の釧路《くしろ》から東側の路線で、根室まで一三五・四㎞の距離がある。花咲《はなさき》線の愛称がつけられ、現在は上下一六本の旅客列車が運行している。輸送密度は一九七五年の一八七九人から二〇一五年には四四九人にまで減少した。この区間では都市といえるのは根室市くらいで、二〇一六年末の人口は二万七〇一八人にすぎない。

北海道の地方都市ではいずれも人口が急速に減少しているが、根室市もご多分に漏れず、一九七〇年の四万五一七二人に比べて四〇%も減ってしまった。釧路市の東隣の釧路町は二〇〇〇年まで人口は増加し、その後は若干減っているものの、二〇一七八月末現在の人口は一万九九一九人で、追い上げられている。一年間の赤字は一〇億八〇〇〇万円である。

花咲線の存廃問題について蛯名大也《えびなひろや》釧路市長は、「見直しは道全体の問題で、道から方針が示されないなかでは議論にならない」とし、若狭靖《わかさやすし》厚岸《あっけし》町長は当初から廃止、バス転換に反対、JRが求める協議会には参加しないと強硬な姿勢を示していた。

現在までのところ、大きな進展はなく、二〇一七年四月一八日に北海道釧路総合振興局と沿線市町村が特別委員会を設置して利用促進策を協議し、国や北海道に提言することが報じられたくらいである。二〇一七年二月七日知事に提出された「鉄道ネットワークワーキングチーム」の報告書では北方領土の隣接地域として鉄道を維持すべきとされた。

3　根室線　滝川 - 富良野

根室本線の滝川 - 富良野間五四・六kmは、石勝線が開業するまでは札幌と道東を結ぶメインルートであった。輸送密度は一九七五年には六六〇八人あったが、二〇一五年には四八八人まで減っている。旅客輸送のほかに、函館本線の滝川から富良野まで農産物を運ぶ臨時の貨物列車が運行している。旅客列車は上下一九本が運行している。一年間の赤字は一一億八〇〇〇万円である。

この区間についても根室本線対策協議会で対応することになるが、二〇一七年四月二七日富良野市役所で総会を開き、協議会の会長の能登芳昭《のとよしあき》富良野市長は路線維持のために国や北海道庁に働きかけていくことを表明した。あわせて自治体と北海道庁、ＪＲ北海道の担当者で路線維持のための経費削減や利用促進について話し合っていくことが合意された。五月一六日にＪＲを交えた初の会合があり、一〇月下旬を目途に中間報告を予定している。

4　室蘭線　沼ノ端‐岩見沢

室蘭本線は長万部《おしゃまんべ》‐岩見沢間と室蘭‐東室蘭間の長大路線であるが、そのうちの沼ノ端‐岩見沢間六七・〇㎞は一部複線化されているものの、ローカル線である。

北海道中央の炭鉱地区と苫小牧《とまこまい》、室蘭を結ぶ路線で、炭鉱全盛期には貨物列車が頻繁に走行していたが、現在はわずかな本数に減ってしまった。札幌に向かわないために優等列車の運転はなく、普通列車も上下一七本まで本数が減ってしまった。

利便性が低く、輸送密度は一九七五年の二五〇八人に比べ、二〇一五年にはその五分の一の五〇〇人まで減った。ただ、札幌をバイパスする路線として、道南《どうなん》と北海道北東部を結ぶ臨時の貨物列車や団体列車がこの路線を経由して運行している。

北海道庁の鉄道ネットワークワーキングチームの報告書で示された鉄道を維持すべき路

線には含まれないため、今後のＪＲ北海道の出方が注目されるが、現在のところ沿線の自治体は大きな動きを見せていない。

空知総合振興局管内については二〇一七年五月一五日に一市二町（岩見沢市、栗山町《くりやま》、由仁町《ゆに》）の首長が意見交換会を行い、独自の乗降調査を各駅で行うことを決めた。胆振《いぶり》総合振興局管内一市四町でも首長の意見交換を検討しているという話が聞かれるが、具体的な動きはない。

5　石北線　新旭川‐網走

石北《せきほく》本線は宗谷本線の新旭川を起点に網走《あばしり》までの二三四・〇㎞の路線である。現在は特急上下八本、普通上下五二本のほか、貨物列車も新旭川‐北見間に臨時上下六本を運行し、輸送密度は一九七五年の四三五七人から二〇一五年には一一四一人に減少している。

石北本線と釧網《せんもう》本線がオホーツク総合振興局の管内となることから、オホーツク圏活性化期成会（会長・辻直孝《つじなおたか》北見市長）は二〇一七年三月に路線別の部会を設置することを決定した。ただし、「ＪＲ北海道とは個別の協議をしない」という方針を掲げた。

二〇一七年四月二七日にオホーツク圏活性化期成会石北線部会と上川《かみかわ》地方総合開発期成

会が合同で、北見市において初めてＪＲ北海道と会合を持った。ＪＲ北海道の田畑正信《たばたまさのぶ》常務は北海道の鉄道ネットワークワーキングチームの報告書に記載された「中核都市を結ぶ路線」に該当するとの認識を持ち、ＪＲ北海道も維持のための議論をしたいと説明した。

また、二〇一七年五月二二日にはＪＲ北海道の島田社長が旭川市役所を訪れて西川将人《にしかわまさひと》市長と懇談した。旭川市を起点とする宗谷本線、石北本線、富良野線の三路線とも存続に向けたＪＲも交えた協議が始まっている。

これを受けて、五月二九日にはオホーツク圏活性化期成会の定期総会で、石北本線、釧網本線の各部会が中間報告をして、従来の方針を変更し、両部会とも路線存続に向けてＪＲと協議入りする方針を明らかにした。

市民側でも動きがあり、二〇一六年八月一一日に「ふるさと銀河《ぎんが》線応援ネットワーク」が「石北沿線ふるさとネットワーク」に名称を変更。同ネットワークの主催で、二〇一七年五月七日から六月一八日までの毎週日曜日に「石北線存続を考える連続市民講座」を開催した。二〇一七年五月二〇日には網走市内で「石北線・釧網線の起点から鉄道の未来を考えるシンポジウム」が開かれた。国鉄分割民営化後の三〇年間を検証する「ＪＲ北海道研究会」代表の宮田和保《みやたかずやす》北海道教育大学名誉教授が基調講演をした。

6　釧網線　東釧路・網走

釧網本線は根室本線の東釧路から石北本線の網走まで一六六・二㎞の路線である。現在は旅客列車が上下一八本運行している。輸送密度は一九七五年の一八一七人から二〇一五年の五一三人に減少した。一年間の赤字は一六億二〇〇〇万円である。

オホーツク圏活性化期成会は二〇一七年三月釧網線部会を設置。四月二四日に網走市で釧網線部会の会合を開いた。ＪＲ北海道の西野副社長を招き、初めてＪＲ北海道と意見交換を行った。

五月二九日にオホーツク圏活性化期成会は定期総会で石北線部会とともに中間報告を行い、路線存続に向けてＪＲと協議入りする方針を決定した。二〇一八年度末までに路線維持の方策案をまとめる予定である。

7　富良野線　富良野・旭川

富良野線は富良野－旭川間五四・八㎞の路線で、上下三八本の旅客列車が運行している。輸送密度は一九七五年の三五八七人から二〇一五年には一四七七人まで減少した。一年間の赤字は九億六〇〇〇万円である。

富良野はフジテレビ系テレビドラマ「北の国から」の舞台になって一躍全国区の観光地に躍進し、現在ではインバウンドの観光客の来訪も多い。しかし、札幌とのあいだには高速バスが頻繁に運行しており、鉄道の利用は減少を続けている。富良野線は観光需要とは別に旭川市への通勤、通学路線の役割も担っているが、ご多分に漏れず、輸送密度は急激に減少してしまった。

西川旭川市長は二〇一六年一二月八日の市議会で、JRが提案する「上下分離」は「厳しい財政状況から、負担は困難」との見解を明らかにしていた。旭川市は周囲に多くの維持困難路線が広がるという特殊な事情を持つため、「オホーツク圏活性化期成会」の事務局である北見市と石北本線、富良野線、宗谷本線の鉄道維持に向けて協議に入っていることを明らかにした。また、富良野線沿線の富良野市、美瑛《びえい》町との協議にも入り、二〇一七年五月一七日に富良野線沿線の旭川市、美瑛町、上富良野町、中富良野町、富良野市の二市三町がJRを交えた初の会合を持ち、利用促進策について話し合ったという。

8 日高線　苫小牧‐鵡川

日高《ひだか》本線の苫小牧‐鵡川《むかわ》間三〇・五㎞は、現在は旅客列車が上下一七本運行している。

輸送密度は一九七五年の三七七七人から、二〇一四年には五八九人にまで減少した。鵡川から先でバス代行輸送を行っている。一年間の赤字は四億四〇〇〇万円である。

日高本線は鵡川‐様似《さまに》間が災害で運休しており、復旧の見通しが立たないため、苫小牧‐鵡川間についても今後の展開は予断を許さない。しかし、地元自治体は運休区間の対応に追われており、今後の対応については具体的な動きはない。日高門別《ひだかもんべつ》までの運行再開を検討した時期があるが、損失額の補填と投資額の地元負担の問題で実現しなかった。

すでに話し合いを始めている路線——積極的廃線を提案した夕張市

1　石勝線・夕張支線　新夕張‐夕張

石勝線・夕張支線の新夕張‐夕張間一六・一kmは、現在は一日上下一〇本の旅客列車が運行している。もともと夕張線の末端区間であったが、石勝線の開業によって編入された。輸送密度は一九七五（昭和五〇）年には二三一八人あったのが、二〇一五（平成二七）年には一一八人にまで減少した。一年間の赤字は一億五〇〇〇万円である。

二〇一六年七月二九日にJR北海道は「持続可能な交通体系のあり方について」を発表

し、鉄道輸送に適している線区か選別していくとの見解を明らかにした。これを受けて、八月八日に鈴木直道《すずきなおみち》夕張市長はJR北海道を訪問して島田社長に面会し、交通体系見直しへの協力、JR所有施設の市への無償譲渡、JR職員の市への派遣を条件に夕張支線の廃止を提案した。

「攻めの廃線」と呼ばれることになった夕張市長のこの提案は、世間に驚きを持って受け取られた。しかし、現実には札幌まで高速バスが運行し、鉄道の役割はとうに終えてしまっていた。また、かつての夕張鉄道の路線に沿って、本数は少ないものの、夕鉄《ゆうてつ》バスが路線バスを運行している。

夕張市は財政再生計画を総務省に提出し、二〇一七年三月七日に同意を得たが、そのなかで、市とJR北海道が同意している夕張支線の廃止に合わせ、路線バスや予約があったときだけ運行するデマンドバスと組み合わせて市内各地を結ぶ交通網を再編整備することが盛り込まれていた。

夕張市はコンパクトシティを目指して都市の再編を計画しているが、その核となる二つの地区である南清水沢《みなみしみずさわ》と南夕張を結ぶデマンドバスが二〇一七年四月一日に運行を開始した。また、新夕張駅に大型バスを乗り入れるための乗り場を新設することにし、事業費一七〇〇万円を全額JR北海道が負担した。七月中旬の完成を予定する。

廃止の時期は今後協議の内容を踏まえて決定するとし、具体的な日付は示されていない。鈴木市長は最短で二〇一九年三月になる見通しを表明している。

2 日高線 鵡川‐様似

日高本線の鵡川‐様似間一一六・〇㎞は二〇一五年一月八日の高波による道床の流失で運休、バス代行が続いている。鉄道総合技術研究所に復旧費の見積もりを依頼していたが、二〇一五年九月一二日の台風で再び路盤流出が発生し、工事費が増加することになった。二〇一六年八月八日にJR北海道は沿線自治体協議会で、鵡川‐様似間を復旧する場合、単年度の損失分の一一億一〇〇〇万円と防災、老朽対策費年額五億三〇〇〇万円のあわせて毎年一六億四千万円の負担を北海道と沿線自治体に求めた。これに対し、北海道はその内訳を示すように要求した。

これが決裂すると、九月八日の沿線自治体協議会の場で、そのうち三億円をJR北海道が負担するとして、残り一三億四〇〇〇万円の負担を求めた。「上下分離」にした場合でも同額の地元負担が生ずるとしたため、一〇月に沿線七町はこの負担を受け入れられないとして意見が一致した。

年間一三億四〇〇〇万円の地元負担は正式に拒否したが、三輪《みわ》茂《しげる》日高《ひだか》町長から比較的被害の少ない鵡川－日高門別間の区間復旧の提案があり、ほかの自治体からも同調するところが現れた。

苫小牧市、むかわ町など東胆振地方五市町の首長らは一二月一五日に苫小牧市役所で懇談会を開催してJR北海道が提案する協議会設置の必要性を否定し、五市町に日高町を加えた新たな枠組みの可能性を示した。

同日にJR北海道は日高門別－様似間の廃止の方針を決定し、それを地元に伝えるため、二〇一六年一二月二一日に浦河《うらかわ》町のホテルで「説明会」を開くことにし、沿線七町とむかわ町に参加を呼びかけた。しかし、実際に出席したのは平取《びらとり》町、日高町、新冠《にいかつぷ》町、むかわ町の四町長にとどまった。JRの一方的な廃線通告への抵抗の意思を示したのである。

JR北海道からは島田社長と瀧本峰男《たきもとみねお》取締役総合企画本部副本部長が出席し、復旧費が八六億円と見込まれ、これに海岸浸食対策費を加えると一〇〇億円の費用がかかることが示された。JR北海道は自治体に年額一三億四〇〇〇万円の負担を求めたが、合意できなかったため、廃止を提案する判断をしたという説明があった。鉄道事業法による廃止届を提出する予定であるが、廃止時期はとくに表明しなかった。これに対し、沿線自治体は「あまりに乱暴だ」として強く抵抗した。

北海道と日高管内七町は、鵡川‐様似間の復旧について議論する協議会を二〇一七年一月二三日に開催したが、その席上でＪＲ北海道は廃止の方針を変えなかった。そして、二月一八日に浦河町で開かれた日高線沿線自治体協議会で、ＪＲ北海道の西野副社長はバス転換を正式に伝えた。

協議会の終了後、小竹国昭《こたけくにあき》新冠町長は臨時会合で「バス転換を含めた交通手段を、新たな会議を設けて検討したい」と表明した。この段階で、酒井芳秀《さかいよしひで》新ひだか町長はＤＭＶ（デュアル・モード・ビークル、鉄道とバスの二刀流車両）の導入で路線を維持することを考えていた。日高門別までの復旧は地元負担が年額三億二〇〇〇万円かかるとの試算が示されたため、日高町が単独で負担することは不可能として断念した。

二〇一七年四月一二日にＪＲ北海道、北海道、沿線七町でＤＭＶを導入について検討する協議会が新ひだか町で初会合を開いた。コンサルタント業者にＤＭＶ導入についての調査を委託し、一一月を目途に結論をまとめる方針が表明された。

五月一一日沿線七町長（日高総合開発期成会、会長・酒井新ひだか町長）は国土交通省を訪れて末松信介《すえまつしんすけ》副大臣と奥田哲也《おくだてつや》鉄道局長と面会し、運転再開を求める緊急要望書を提出した。要望書では経営安定基金の積み増しなど、ＪＲ北海道に対する特別な財政支援、災害で被災した路線の早期復旧、ＤＭＶの可能性を探る調査、検討への配慮なども求めた。

七月一一日に「ＪＲ日高線沿線地域の公共交通に関する調査・検討協議会」が新ひだか町で開催され、そこでＪＲ北海道は廃止された留萌本線の例を引き合いに出し、地域振興など沿線自治体に二億一〇〇〇万円の支援を行ったことを紹介したが、自治体側はバス転換を容認しておらず、ほかの代替交通を含めて中身を精査することになった。

　この段階で、ＤＭＶのほかに、バス専用道を整備してＢＲＴ（Bus Rapid Transit）への移行も俎上《そじょう》に載せた。また、当初は結論が一一月にも出されるとしていたが、一二月以降にずれ込むことも示された。

　七月一三日に新ひだか町でシンポジウムが開催されたが、一部の報道で、主催した市民団体（日高の公共

鉄道とバスの二刀流車両であるDMV

交通を考える有志の会）は「バス導入はやむを得ない」との考えを示したとされたが、この団体の代表者はのちにこれを否定した。また、出席していたＪＲ北海道の西野副社長は「ＢＲＴ」構想について、「協力は惜しまない」と表明した。しかし、報道によると、沿線七町と北海道庁でつくる協議会の酒井芳秀新ひだか町長は「巨額の工事費がかかる」として、導入に否定的であることが伝えられた。

ＤＭＶを採用しても、線路の復旧が必要になり、また維持管理費もかかるため、鉄道廃止の代案にはならなかった。それに比べ、線路を舗装してバス専用道にする場合は鉄道の復旧費に比べて安上がりで、維持管理費も低くなるため、ＪＲ北海道は協力を申し出たのである。

日高本線を復旧させたとしても、前出の「有志の会」が行った住民アンケートでは、「利用しない」と回答した者が三分の二にのぼり、「日高線の復旧にお金をかけるより道路への投資を」との意見があったという。

札幌圏と輸送密度四〇〇〇人以上——維持可能な路線の動向

鉄道路線を現行のまま存続する路線は、①札幌圏と輸送密度四〇〇〇人以上の線区、②

北海道高速鉄道開発株式会社関連線区、③北海道新幹線並行在来線である。

①は札幌近郊区間が中心で、道東は帯広《おびひろ》まで、道南は長万部までの地域である。

②は宗谷本線の旭川‐名寄間と根室本線の帯広‐釧路間では北海道などが出資する第三セクターが高速化工事を実施し、ＪＲ北海道は関連施設をリースしている。この二区間は当面は維持するとしている。

③北海道新幹線の並行在来線の小樽‐函館間については、北海道新幹線の札幌開業まで（二〇三〇年度末の予定）鉄道を維持する。

路線見直しに対する道の反応

北海道庁は北海道運輸交通審議会のもとの地域公共交通検討会議のもとに作業部会としてＪＲ北海道の路線見直し問題について検討する「鉄道ネットワークワーキングチーム」（後述の報告書の提出後に「鉄道ネットワーク・ワーキングチームフォローアップ会議」となる）を設置し、二〇一六（平成二八）年一一月二二日に第一回会議を開催した。

ワーキングチームのメンバーは学識経験者、ＪＲ北海道、道市長会、道町村会で、北海道運輸局がオブザーバー、事務局は北海道副知事、北海道総合政策部交通企画監が担当した。座長は岸邦宏《きしくにひろ》北海道大学大学院工学研究院准教授である。

一二月二一日には北海道庁の幹部が国土交通省を訪れ、北海道庁と道議会の要望書を国に手渡した。基本的にはＪＲ北海道の財政問題に国として対処してほしいという内容である。また、北海道庁や沿線自治体と丁寧な協議を行うよう、国からＪＲ北海道に対して指導することも要望した。沿線自治体が北海道庁に対して希望していたのは、北海道庁が「オール北海道」の問題と認識して主体的に動くということであった。

二〇一七年一月一八日には旭川市、稚内市、北見市の三市長が道庁を訪れて高橋知事と会談。上川、宗谷、オホーツクの道北三地域の鉄道の維持について主導的な役割を果たすよう直接要請した。

北海道議会の新幹線・総合交通体系対策特別委員会は二〇一七年一月二四日に道議会庁舎でＪＲ北海道と初めての意見交換会を開催し、議会側は道議八人、ＪＲ北海道側は小山常務らが参加した。

ＪＲ北海道は国の安全投資に対する追加支援が終了したあと、二〇二〇年度末までに資金不足に陥るとの試算を説明した。二〇一六年度以降、毎年一八〇億円の経常損失が見込まれ、設備投資や借入金返済などで三〇〇億円規模の資金不足が生じ、手持ち資金が枯渇するという説明であった。

鉄道ネットワークワーキングチームは二月七日に「将来を見据えた北海道の鉄道網のあり方について」（報告書）を高橋知事に提出した。この内容は一〇路線一三線区を札幌と中核都市間、広域観光、国境・北方領土隣接地域、広域物流、地域の生活、札幌圏の六つに分類して議論すべきとし、結論は中核都市等と札幌圏の路線は維持すべき、国境・北方領土隣接地域や宗谷地域の路線は引き続き維持すべき、とくに北方領土隣接地域は十分考慮が必要とした。具体的に路線名を出しての議論は避けられた。

ＪＲ北海道が提案する、鉄道施設を自治体が保有して費用を負担する「上下分離」については、「道内自治体の厳しい財政状況を踏まえると、これらの費用について自治体に負担を求めることは現実的に難しい」として否定的であった。これに対する沿線自治体の反応は、苫小牧市は北海道庁に積極的な関与を求める内容を歓迎、辻直孝北見市長は「だいたい我々が言ってきたことを踏まえている内容」として賛意を示した。

高橋知事は各振興局に対し、沿線自治体に説明して路線維持に向けた地域での検討や協議の指示を出し、最初に二月二一日に月形町に説明を行った。

二月二四日に高橋知事は記者会見で、ＤＭＶの実用化について全国知事会を通して国に要請していく方針を表明した。日高本線での動きに連動したものと推測するが、基本的にJR北海道が否定している方式であるため、どういう思惑が働いたのかわからない。

続いて、二月二八日には北海道庁が呼びかけてJR北海道、北海道庁、市長会、町村会の初のトップ会談が実現。JR北海道とは沿線自治体だけではなく、北海道庁も参加して協議を進めることで意見が一致した。

資金不足が顕在化した観のあるJR北海道であるが、二〇一七年三月四日ダイヤ改正では大胆にサービスが切りつめられた。極端に利用率の低い駅の廃止と、特急の運転区間の短縮である。

宗谷本線の糠南《ぬかなん》、南幌延《みなみほろのべ》、下沼《しもぬま》の三無人駅も廃止の対象となっていたが、幌延町が維持費を負担して存続させることになり、三駅で一五九万円を負担することが決まった。そのほかにも、秘境駅として知られる室蘭本線の小幌《こぼろ》駅なども自治体の負担で存続することになったが、全体でどれだけの費用になるのかは不明である。

結局、千歳線美々《びび》、根室本線島《しま》ノ下《した》、稲士別《いなしべつ》、上厚内《かみあつない》、釧網本線五十石《ごじっこく》、函館本線東《ひがし》山《やま》、姫川《ひめかわ》、桂川《かつらがわ》、北豊津《きたとよつ》、蕨岱《わらびたい》の一〇駅が廃止され、一駅あたり年間一〇〇万円の経費削減となった。

また、老朽化したキハ183系特急形気動車を廃車にするため、宗谷本線の特急「サロベツ」を旭川‐稚内間に短縮するほか、石北本線の特急「オホーツク」のうち二往復を旭川‐網走間に短縮して特急「大雪《たいせつ》」に改めた。

北海道庁の「地域公共交通検討会議」鉄道作業部会「鉄道ネットワークワーキングチーム」の座長を務めた岸北大大学院准教授のほか研究者約20人が参加して、二〇一七年三月八日に北海道大学でJR北海道の路線見直しや公共交通網のあり方について考えるシンポジウムが開催された。

市民のなかでもJR北海道問題に取り組む活動が現れたが、その中心となるのが北海道教育大学の宮田和保名誉教授が代表を務める「JR北海道研究会」である。二〇一七年五月一八日には札幌市でシンポジウムを開催し、宮田代表のほか、奥田仁《おくだひろし》北海学園《ほっかい》大学名誉教授、武田泉北海道教育大学准教授、北見の住民団体「石北沿線ふるさとネットワーク」の長南進一《ちょうなんしんいち》事務局長らが講演した。

労働界でも、七月一日には北海道労連など道内七団体でつくる「北の鉄路存続を求める会」が主催し、札幌市の北海道高等学校教職員センターで鉄道のあり方を考える集会「守れ！北の鉄路」を開催した。保母武彦《ほぼたけひこ》島根大学名誉教授が講演し、交通権を保障するための「北海道公共交通基本条例」の制定を提案した。

路線見直しに対する国の反応

二〇一七(平成二九)年二月二八日に麻生太郎《あそうたろう》副総理は参議院予算委員会で「黒字のJR東日本と北海道を合併するとか、いろんなアイデアが出る」と発言した。JR北海道の財政問題は国が支援するにしても際限なく拡大する様相であり、いっそのこと毎年巨額の最終利益を計上しているJR東日本と一緒にすればJR北海道の赤字も埋め合わせられ、問題は解決するという発想であった。

しかし、現実にJR東日本は完全に民営化しており、株式を上場している。このような話が出るだけで株価が反応して株主が損失を被りかねないわけで、不用意な発言であるといえる。JR東日本も「現実的でない」として全面的に否定した。

自民党は「JR北海道対策プロジェクトチーム」を立ち上げ、座長に吉川貴盛《よしかわたかもり》衆議院議員がついた。四月六日に最初の会合が党本部で開かれ、高橋知事から意見を聴取した。知事は「二〇三〇年度の北海道新幹線の札幌駅開業までの長いスパンでJR北海道対策を考えるべき」短期的な損益だけにとらわれるべきではないとした。

北海道新幹線の開業によってＪＲ北海道に増益効果が見込まれるため、それまでのあいだは対症療法でつなごうという発想なのかもしれない。ただ、一三年も先の話であるし、北海道新幹線が開業してもローカル線の旅客が増えるわけではないため、いまの段階で抜本的な見直しを行うことが必要なのではないだろうか。

その場合、路線の見直しというより、国の鉄道政策の見直しが必要であり、税金の使い道には効率性だけではなく、もっと高次元の政策理念に対する配慮も必要だと考える。漠然とした理念は恣意的になりかねないため、海外の事例も研究したうえで、広く議論を巻き起こすことも必要であろう。

共産党は四月二八日にＪＲ北海道問題を「緊急課題」と位置づけ、中長期的な対策として公共交通基金を創設し、赤字補填や老朽施設の更新を支援するしくみを創設する必要があると主張した。

財源は自動車や航空の関連税収や、ＪＲ東日本、東海《とうかい》、西日本三社の利益の一部を拠出するというが、考え方には賛同しても、財源については安易すぎるように考える。もとをただせば各社の旅客が支払う運賃や料金のため、本州三社の旅客が、なぜ北海道の旅客の分まで負担しなければならないのか、納得できる理屈が必要である。

国土交通省の北海道運輸局は、二〇一七年六月七日から一六日にかけて、札幌、旭川、釧路の三カ所でシンポジウムを開催した。最初の札幌で開催されたシンポジウムでは加藤《かとう》博和《ひろかず》名古屋《なごや》大学教授が基調講演を行い、最後に「地域の生活に根差した需要がなければ存続は難しい。なぜ公共交通が必要なのか、真剣に考えてほしい」と締めくくった。

全国のローカル線問題① ＪＲ四国

ローカル線の問題は、ひとり北海道だけの問題ではない。ＪＲ四国や九州も深刻なローカル線問題を抱えている。

ＪＲ四国の場合も旅客数の減少は深刻である。とくに、本四架橋が完成して以降、各県庁所在地を結ぶ高速道路が開業したこと。さらに、大鳴門橋《おおなるときょう》と明石大橋《あかし》の供用開始によって神戸《こうべ》や大阪への最短コースができたことで、高速バスの発達が著しく、鉄道旅客の減少が進んだ。ＪＲ四国は県庁所在地を結ぶ路線の高速化を進めたが、同時に旅客の減少によって短編成化が進んだ。

輸送密度の小さい区間は牟岐《むぎ》線の牟岐－海部《かいふ》間二四八人、予土《よど》線の北宇和島《きたうわじま》－若井《わかい》間三三人、予讃《よさん》線の向井原《むかいばら》－伊予大洲《いよおおず》間四五七人、牟岐線の阿南《あなん》－牟岐間七〇〇人で、一〇〇〇人を下回るのはこの四区間である。

輸送密度の大きな収益性の比較的よい路線が本四備讃《ほんしびさん》線の宇多津《うたづ》−児島《こじま》間二万三九六二人、予讃線の高松《たかまつ》−多度津《たどつ》間二万四五四二人だけで、JR北海道の札幌圏、JR九州の福岡圏のような収益路線がない、ほぼ赤字ローカル線レベルの路線が占めるのが特徴である(図表3)。

全国のローカル線問題② JR九州

JR九州は管内に福岡市(法定人口一五三万八六八一人)、北九州《きたきゅうしゅう》市(九六万一二八六人)、熊本市(七四万八二二二人)、鹿児島市(五九万九八一四人)の大都市を抱え、地域別の経済力も首都圏、京阪神圏、中京圏に続く重要な地域である。

経営環境としては申し分ないが、国鉄時代に利便性の低い汽車型のダイヤ構成(一七六ページ参照)であったため、バス路線がいち早く発達した地域でもある。JR発足以降は高速道路の延伸もあって高速バスの旅客が増えたが、それ以上に自家用車での移動が増加し、地方部では公共交通全体の市場が縮小した。

福岡市と北九州市を結ぶ鹿児島本線の小倉《こくら》−博多間の輸送密度が八万二八六六人もあり、

大都市路線並みの路線である。半面、山間部を中心に利用の少ない路線が多数存在しているのが特徴である（図表4）。

輸送密度が最低の路線、区間は肥薩《ひさつ》線の人吉《ひとよし》‐吉松《よしまつ》間一〇八人、続いて豊肥《ほうひ》本線の宮地《みやじ》‐豊後竹田《ぶんごたけた》間一五四人、日南《にちなん》線の油津《あぶらつ》‐志布志《しぶし》間二二二人となる。輸送密度が一〇〇〇人を下回る路線はこれらを含めて七路線一〇区間を数える。

JR九州は二〇一六（平成二八）年一〇月二五日に株式を上場した。その前提として経営安定基金三八七七億円が鉄道・運輸機構の負債を一括返済することで処理されたが、一部八七二億円がローカル線の維持のために残された。貸借対照表では利益剰余金に計上され、将来、ローカル線の車両や施設の更新の費用にあてられる。

豊肥本線は二〇一六年四月一四日と一六日の二度にわたる最大震度七の地震（熊本地震）によって被災し、肥後大津《ひごおおづ》‐大分間で運転を中止した。その後、部分的に運行を再開したが、肥後大津‐阿蘇《あそ》間では現在もバス代行を実施している。土砂が崩落した傾斜地については国直轄の砂防災害関連緊急事業と熊本県の砂防事業、治山事業による災害復旧工事が進められているが、二〇一七年四月からJR九州も鉄道の復旧に取りかかることになった。完成時期は発表していない。

線名	区間	営業キロ（km）	平均通過人員（人／日）		
				対前年増減	前年比（%）
本四備讃線	宇多津～児島	18.1	23,962	653	102.8
予讃線	高松～多度津	32.7	24,542	619	102.6
	多度津～観音寺	23.8	9,596	196	102.1
	観音寺～今治	88.4	6,029	105	101.8
	今治～松山	49.5	7,366	△23	99.7
	松山～宇和島	91.6	3,101	△98	96.9
（海線）	向井原～伊予大洲	41.0	457	13	102.9
内子線	内子～新谷	5.3	3,664	△145	96.2
高徳線	高松～引田	45.1	4,998	192	104.0
	引田～徳島	29.4	3,809	175	104.8
土讃線	多度津～琴平	11.3	5,544	13	100.2
	琴平～高知	115.3	2,870	25	100.9
	高知～須崎	42.1	4,045	△57	96.6
	須崎～窪川	30.0	1,153	△8	99.3
徳島線	佐古～佃	67.5	2,945	24	100.8
鳴門線	池谷～鳴門	8.5	2,033	89	104.6
牟岐線	徳島～阿南	24.5	4,814	△19	99.6
	阿南～牟岐	43.2	700	△41	94.4
	牟岐～海部	11.6	248	△13	94.9
予土線	北宇和島～若井	76.3	333	26	108.5
JR四国全線		855.2	4,692	60	101.3

（注）1　平均通過人員（輸送密度）とは、営業キロ1km当たりの1日平均旅客輸送人員をいいます。
平均通過人員＝旅客輸送人キロ÷営業キロ÷営業日数
2　JR四国全線が利用できるフリータイプのきっぷについては、利用実態にかかわらず、発売実績に応じて全線（一部の地区を除く）で輸送人員及び輸送人キロを計上しております。
なお、予土線（北宇和島～若井）は、四国内のフリータイプのきっぷによる輸送人員（輸送人キロ）の影響を除いた場合、平均通過人員（平成28年度）は、217人（対前年比率99.2%）となります。

図表3　JR四国の区間別平均通過人員（輸送密度、2017年）
出典：JR四国ホームページ　http://www.jr-shikoku.co.jp/04_company/company/kukanheikin.pdf

熊本地震では南阿蘇鉄道も被災して全線で運転を中止した。同年七月中に中松《なかまつ》－高森《たかもり》間の運転を再開したが、立野《たての》－中松間は被害の規模が大きいため、現在のところ中松－長陽《ちょうよう》間は二〇一八年七月に復旧を予定しているが、豊肥本線につながる長陽－立野間の復旧の目途が立っていない。

また、二〇一七年七月五日から続いた豪雨によって久大《きゅうだい》本線と日田彦山《ひたひこさん》線が橋桁の流失などの大きな被害を受け、八月三日現在、久大本線光岡《てるおか》－日田間と日田彦山線の添田《そえだ》－日田間が運行を中止している。日田彦山線の添田－大行司《だいぎょうじ》間については並行する道路も被災しているため、バス代行も行っていない。

全国のローカル線問題③　JR東日本

高収益を上げているJR最大の売上高を誇るJR東日本においても極端に利用の少ない路線が存在している。輸送密度が二桁にとどまる路線が陸羽東《りくうとう》線の鳴子温泉《なるこおんせん》－最上《もがみ》間九五人、花輪《はなわ》線の荒屋新町《あらやしんまち》－鹿角花輪《かづのはなわ》間九五人、只見《ただみ》線の会津川口《あいづかわぐち》－只見間三七人の三区間あり、とくに東北地域の路線は北海道以上に厳しい路線が多く存在している。

JR東日本は二〇一一（平成二三）年三月一一日の東日本大震災で被災した大船渡《おおふなと》線と

【在来線[地方交通線]】

線名	区間	営業キロ（km）	平均通過人員（人／日）		旅客運輸収入（百万円／年）
			昭和62年度	平成28年度	平成28年度
香椎線	西戸崎～宇美	25.4	3,299	6,019	761
	西戸崎～香椎	12.9	2,921	4,394	
	香椎～宇美	12.5	3,690	7,697	
筑豊本線	若松～原田	66.1	6,993	5,345	1,463
	若松～折尾	10.8	4,545	4,304	
	折尾～桂川	34.5	10,177	8,585	
	桂川～原田	20.8	2,981	512	
日田彦山線	城野～夜明	68.7	2,057	1,302	330
	城野～田川後藤寺	30.0	3,287	2,595	
	田川後藤寺～夜明	38.7	1,103	299	
後藤寺線	新飯塚～田川後藤寺	13.3	1,728	1,328	70
久大本線	久留米～大分	141.5	3,122	2,754	2,343
	久留米～日田	47.6	3,040	3,867	
	日田～由布院	51.5	2,564	2,027	
	由布院～大分	42.4	3,890	2,387	
唐津線	久保田～西唐津	42.5	3,528	2,200	315
	久保田～唐津	40.3	3,649	2,264	
	唐津～西唐津	2.2	1,315	1,026	
大村線	早岐～諫早	47.6	3,197	5,253	1,066
豊肥本線	熊本～大分	148.0	2,963	※1 4947	1,837
	熊本～肥後大津	22.6	4,902	10,655	
	肥後大津～宮地	30.8	2,711	※2 -	
	宮地～豊後竹田	34.6	1,028	※3 154	
	豊後竹田～三重町	23.9	2,384	954	
	三重町～大分	36.1	4,203	4,018	
肥薩線	八代～隼人	124.2	1,400	458	281
	八代～人吉	51.8	2,171	478	
	人吉～吉松	35.0	569	108	
	吉松～隼人	37.4	1,109	758	
三角線	宇土～三角	25.6	2,415	1,374	140
吉都線	吉松～都城	61.6	1,518	466	83
指宿枕崎線	鹿児島中央～枕崎	87.8	3,751	3,207	1,246
	鹿児島中央～喜入	26.6	8,253	8,332	
	喜入～指宿	19.1	3,687	2,477	
	指宿～枕崎	42.1	942	301	
日南線	南宮崎～志布志	88.9	1,423	779	274
	南宮崎～田吉	2.0	2,129	3,615	
	田吉～油津	44.0		1,193	
	油津～志布志	42.9	669	222	

「平均通過人員」について
○「平均通過人員」は、ご利用されるお客さまの1日1kmあたりの人数を表し、当社が国土交通省に毎年報告する「鉄道事業実績報告書」に基づき、以下の計算により算出しています。【平均通過人員】=【各路線の年度内の旅客輸送人キロ】÷【当該路線の年度内営業キロ】÷【年度内営業日数】
○線名・区間・営業キロは平成28年度末現在の情報を元に算出しています。
○昭和62年度の平均通過人員は昭和62年度当時の営業キロを元に算出しています。
○日南線は、田吉駅が平成8年度に新設されたため、昭和62年度は表中の記載としています。
○平成28年熊本地震の影響を受けている路線及び区間の扱いは以下のとおりです。
※1：肥後大津～豊後竹田間の値を除いた実績を「参考値」として算出しています。
※2：現在も一部で運転を見合わせている区間については開示していません。（「-」と記載）
※3：長期間運転を見合わせていた区間については、その期間を除いた実績で算出しています。
「旅客運輸収入」について
○「旅客運輸収入」は、最新年度の「有価証券報告書」に掲載されている旅客運輸収入を路線別に示しております。

図表4　JR九州の地方交通線の区間別平均通過人員（輸送密度、2017年）
出典：JR九州ホームページ　http://www.jrkyushu.co.jp/company/info/data/rosenbetsu.html

気仙沼《けせんぬま》線をＢＲＴで仮復旧し、これを既定事実にして恒久化した。鉄道駅は必ずしも町の中心部になく、近年は既成市街地から離れて公共施設が整備されるケースが増えている。線路に制約される鉄道よりバスのほうが柔軟に路線を設定でき、地方部では鉄道より利便性が高い交通機関となる可能性がある。

山田《やまだ》線の宮古《みやこ》－釜石《かまいし》間は震災で被災したことで運行を休止していた。ＪＲ東日本は大船渡線などと同じＢＲＴでの仮復旧を目指したが、沿線四市町が反対して復旧問題は停滞していた。

しかし、二〇一四年、震災から三年になることから、ＪＲ東日本は二一〇億円と見込まれる鉄道の復旧工事のうち、原状回復分の一四〇億円分をＪＲが実施、用地の嵩上げや移転費用として残り七〇億円分は自治体が負担して復旧、鉄道施設を三陸《さんりく》鉄道と沿線四市町に譲渡し、第三セクターの三陸鉄道が運行を担当する復旧案を提示した。

ほかに五億円を一時金として支払うとしていたが、その後、三〇億円に増額した。二〇一四年一二月二六日に達増拓也《たっそたくや》岩手県知事、山本正徳《やまもとまさのり》宮古市長が東京で冨田哲郎《とみたてつろう》ＪＲ東日本社長と会談し、この復旧案について受け入れる方針を伝えた。現在は二〇一八年度に復旧工事を終える予定である。

また、山田線の上米内《かみよない》－川内《かわうち》間も二〇一五年一二月に土砂崩れによって不通となっており、現在、復旧工事が進められている。

只見線は二〇一一年七月の新潟・福島豪雨によって被災し、会津川口－只見間二七・六㎞が不通になっている。橋桁の流失など被害が大規模なため、一時は廃線かと騒がれたが、二〇一七年六月一九日にＪＲ東日本と福島県は鉄道復旧の基本合意書を締結した。

ＪＲ東日本は鉄道施設を沿線市町で保有する「上下分離」による復旧を提案した。福島県は只見町と新潟県魚沼《うおぬま》市を結ぶ国道二五二号線が通行止めになった場合の代替路として鉄道が防災上必要と判断した。山間地であり、切り立った渓谷に線路と道路が走っているため、自然災害でどちらかが寸断する可能性は大きい。現に只見線は豪雨によって不通になっているのである。

社会資本に冗長性を求めるのは、平時にはたんなるムダであるが、非常時には有益なのである。近年、自然が厳しさを増してくると、この冗長性に配慮した社会資本整備の視点も必要になるだろう。

協定ではＪＲ東日本が鉄道施設を復旧したのちに福島県に無償で譲渡し、福島県が維持、修繕しながらＪＲ東日本が実質的に無償で使用する。実際の維持管理はＪＲ東日本に委託されるため、安全面でも確実である。二〇二一年度の全線運行開始を目指すという。年間二億一〇〇〇万円と見積もられる維持管理費は福島県七割、会津地方一七市町村三割の割合で負担する。復旧費の財源は福島県三分の二、JR東日本三分の一で負担する。

自民党もこの動きを支援し、同党の国土交通部会は二〇一七年八月一日に、鉄道が黒字でも路線が赤字の場合に補助対象とする鉄道軌道整備法の改正案を了承した。国が一部を負担することで、福島県の負担は二七億円に半減することになる。復旧費用が路線の年間収入以上の場合、四分の一の補助率、「上下分離」が採用される場合、補助率を三分の一に拡大する。同年秋の臨時国会で成立を目指すという。

岩泉《いわいずみ》線は二〇一〇年七月土砂崩れによって列車が脱線し、長期間運休を余儀なくされた。岩手県が鉄道の存続を強く要求したものの、最終的にJR東日本が並行する道路の改良に協力することを提案し、二〇一三年一一月八日に廃止届が提出され、翌年四月一日に廃止された。廃止までに三年半を要したことになる。

全国のローカル線問題④　JR西日本

JR西日本もJR東日本以上にローカル線問題が深刻な印象があるが、意外にも輸送密度が二桁にとどまる路線は芸備《げいび》線の備中神代《びっちゅうこうじろ》－東城《とうじょう》間八七人、東城－備後落合《びんごおちあい》間八人、三江《さんこう》線の三次《みよし》－江津《ごうつ》間五八人と二路線三区間にとどまる。路線単位で旅客数の少ない路線は大糸《おおいと》線一九六人、三江線五八人くらいで、東北地方に比べてはるかに利用状況はよい。

ＪＲ西日本は二〇〇六年（平成一八）二月二八日に富山港《とやまこう》線の富山－岩瀬浜《いわせはま》間を廃止したが（廃止実施届は翌日）、その後、線路の切り替えと架線電圧の変更や低床ホームへの変更工事を行い、四月二九日から富山ライトレールとして運行を再開した。

北陸新幹線の新設工事と富山駅の連続立体交差事業を並行して実施したもので、仮線の設置用地を捻出するために富山港線の廃止が計画されたものだ。これに対し、富山市は富山駅部分を除いた鉄道施設を活用し、富山駅北口まで路面に単線の線路を新設して乗り入れるＬＲＴ（Light Rail Transit）に転換することを考えついた。

もともと富山地方鉄道が富山市内線を運行していたが、施設や車両が老朽化した古めかしい路面電車であった。市民の電車に対するイメージは必ずしも良好ではなかった。しかし、市は欧米でトランジットモールやＬＲＴを導入することで都市が活性化した事例を目にし、富山港線の廃止を好機として英断を下した。

富山市が国庫補助を受けて実施する富山駅の連続立体交差事業が原因であるため、

LRTの工事費もこの事業で負担し、路面の新線建設は道路財源を投入し、オリジナルの財源がほとんど必要ないかたちで実施された。また、富山港線を廃止して年々の赤字が解消されるJR西日本も費用の一部を負担した。

その後、二〇〇九年一二月二三日に富山の市内線に都心環状線・セントラムを新設した。単線で、電車は時計の逆方向に環状運転を行っている。路面の軌道と超低床車両は富山市が整備、保有し、運行を富山地方鉄道が行う「上下分離」が採用されている。新しい路線の運行開始に合わせて都心部の街並みが一新され、一時は寂れていた中心商店街の西町《にしちょう》地区が活性化された。

これに続いて、福井でも福井鉄道が経営改革にともない、路面電車を全廃した名古屋鉄道から低床車を譲り受けて車両を一新し、さらに二〇一三年からは超低床の「フクラム」を投入した。福井鉄道は福井の都心部では路面を走行しているが、以前は鉄道用の大型車が道路の真ん中を低速で揺れながら走行する、いかにも時代錯誤な風景が見られた。

二〇一六年三月二七日には、えちぜん鉄道三国芦原線《みくにあわら》との相互直通運転を開始した。福井鉄道側は越前武生《えちぜんたけふ》まで、えちぜん鉄道側は鷲塚針原《わしづかはりばら》まで直通する。この直通運転の開始によって通勤、通学客が大幅に増加した。

これらは既存の鉄軌道施設をリニューアルして新しく価値を付与する試みで、老朽化して寂れていた地方の鉄道路線が再生された好事例である。

現在は岡山のＪＲ吉備《きび》線にもＬＲＴ計画がある。かなり前から市民レベルで構想が打ち出されていたが、なかなか前進しなかった。現在はＪＲ西日本も前向きであり、来島達夫《きじまたつお》同社社長は二〇一七年度内に方向性を発表できるように自治体と協議していると表明している。

需要規模が小さい場合、通常の鉄道のようなHeavy Railでは高コストとなる。これを軽量で高性能な車両に取り換えて運行頻度を増やし、速度も上がれば、旅客にとっては歓迎すべきことである。

地方ローカル線の再生事例として、広島のＪＲ西日本の可部《かべ》線の延伸が挙げられる。可部線は二〇〇三年一二月一日に可部－三段峡《さんだんきょう》間四六・二㎞を廃止した。中国山地の山間部に分け入る観光路線であった。

その後、旧可部町内（広島市安佐北区《あさきた》）で住宅地の開発が進み、廃止区間の沿線が都市化したため、二〇一七年三月四日に可部－あき亀山《かめやま》間一・六㎞が復活した。国庫補助を受けて広島市が建設・保有してＪＲ西日本が運行する「上下分離」で建設された。

可部線は旧国鉄の四扉の電車を主に運用していたが、二〇一五年からは転換式クロスシート三扉の227系新型電車が投入され、サービスが大きく向上した。

JR西日本が運行する路線のなかで最も輸送密度の小さい三江線は廃止が決定している。すでに二〇一六年九月末に廃止届が提出されており、二〇一八年四月一日に廃止される。

三江線は一九七五（昭和五〇）年に浜原《はまはら》－口羽《くちば》間が開業して全線が完成した比較的新しい路線である。しかし、新線区間は広島県と島根県の県境を挟んだ山間部で、当初から運転本数は三往復であった。モータリゼーションによって山間部でも自動車の利用が生活に定着しており、開業の時点ですでに時代遅れになっていた。

第二章　ＪＲ北海道と地方消滅

「経営安定基金」に頼るJR北海道、四国、九州

JR北海道、四国、九州三社が運用する経営安定基金の利益が低金利のあおりで低迷していた。一九九五(平成七)年度の運用益は前年度より合計で六七億円あまり減少しており、一九九六年度にはさらに大きく低下することが予想された。そこで、経営安定基金の自主運用による利回りの低下を、鉄道整備基金(現鉄道・運輸機構)に高利回りで貸し付けるというかたちでカバーしようとしていた。

経営安定基金は国鉄の分割民営化の際に経営基盤が脆弱《ぜいじゃく》なJR三島会社に置かれた一・三兆円あまりの基金である。その元本は国鉄清算事業団が処理すべき旧国鉄債務に含められ、JR株式や旧国鉄用地の売却で処理できなかった分について、将来は国民が負担しなければならない。

この元本については取り崩しが禁じられ、その資金を運用して得た利益が赤字の穴埋めに使用される。いわば実質的な経営補助金といえる。しかし、補助金では国鉄改革の核心であった経営の自主性を損ねることになりかねないため、手切れ金的な資金として「経営安定基金」を用意したのであった。

JR三島会社は一九九六年のはじめに、分割民営化以後、消費税導入時を除いて初めて

の本格的運賃改定を行った。その効果があって、JR四国と九州は一九九六年度事業計画で黒字を見込んだが、経営環境の厳しいJR北海道については、運賃改定を行ってもなお、当期利益で赤字を見込んでいた。

しかも、JR三島各社ともに、ほかの交通モードとの競争は激化しており、すでにドル箱の都市間旅客の運賃の引き上げは限界となっていた。特急料金の距離刻みを細分化し、一部区間については実質的な値下げを行っているのが現実であった。

このように、大都市の通勤輸送の需要は運賃値上げに非弾力的であるのに対し、経営の困難な地方の路線や区間がむしろ激しい競争にさらされており、需要は運賃値上げに対して弾力的である。大都市輸送の比重が大きいJR本州三社とJR三島会社との経営の格差がいっそう開いていく傾向が見られた。

運輸省（現・国土交通省）はJR三島会社に国鉄清算事業団から償還された経営安定基金の一部を、一九九五年度から鉄道整備基金に貸し付けて年四・九九%の金利をつけるという時限的な制度を設けた。一九九六年度第一四半期の運用利回りの実績が三・二%であるため、この利幅分だけ大幅な増益となった。

すなわち、鉄道整備基金が政府保証債など民間から借り入れる額の半分を、三島会社の経営安定基金からの借り入れに振り替えることになったのだ。一九九五年度から五年間にわたって（当初は三年間の予定）金利を四・九九％に固定し、三年据え置き後七年で償還（二〇一〇年度まで）されることになった。これによって年平均九〇億円の運用益の増加が見込まれた。

分割民営化の際、基金が国鉄清算事業団に貸し付けられ、安定した金利（七・三％）が支払われたのと同じことである。そのときも一〇年間で償還され、徐々に自主運用額が増加し、その後の運用益の減少につながった。金利四・九九％は過去一〇年間の長期国債の金利の平均値であると説明していたが、バブル経済下での異常な高金利の時期を含んでおり、あまり適当ではない。むしろ三島会社の経営状況から算出した値であるといえる。

鉄道整備基金は、この高金利を負担するために、ＪＲ本州三社が整備基金に支払う新幹線売却代金のうち、東海道《とうかいどう》・山陽《さんよう》・東北・上越《じょうえつ》新幹線の簿価相当分を二五・五年賦で償還することになっていた。その金利を四・九九％に固定して帳尻を合わせた。

ＪＲ本州三社はこの負担を受け入れる代わりに、この新幹線債務の繰り上げ償還を要望した。金利の低い資金に借り換えることによって金利負担を軽減することができるのである。しかし、この債務の中心は新幹線建設財源として投入された財政投融資資金であることから、本来は繰り上げ償還が認められていないため、大蔵省（現・財務省）との調整を経て断念された。二〇〇二年度からはＪＲ三島会社が約四二〇〇億円を鉄道・運輸機構に貸し付け、利率三・七三％の金利が支払われた。三年据え置きの七年償還で、二〇〇六年度まで五年間実施されたため、二〇一六年度まで償還が行われた。二〇〇七年度には引き続き同様の支援措置が実施され、三社で約一四〇〇億円が利率三・七三％で貸し付けられた。これも二〇一六年度末が償還期限である。

安全運行を阻む社員の高齢化と労使問題

一九八七（昭和六二）年四月一日の国鉄分割民営化によってＪＲ旅客会社と貨物会社が設立された。従来の国鉄の法人格は国鉄清算事業団に引き継がれ、事業はＪＲ各社に承継された。それにともない、事業資産と要員もＪＲ各社に移行したが、一部は国鉄清算事業団に残された。

国鉄当時の要員数は一九八六年度首で約二七万七〇〇〇人であった。昭和四〇年代の国鉄になってからのピーク時に四七万人いたため、その六割にまで絞り込まれていた。とくに、人手を必要とする荷物輸送の貨物への統合と、ヤード系貨物の全廃、夜間の運行本数の削減など、事業自体を縮小することで要員を削減した。

磯崎《いそざき》叡《さとし》総裁のころに生産性向上運動に着手したが、組合の反発を招き、その後、ストライキやサボタージュ闘争で国鉄の鉄道輸送は大混乱した。その教訓から、職員一人あたりの生産性向上については力を入れなかった。この生産性向上運動は、たんに私鉄並みの生産性を目指した、ごく自然な運動であったが、当局にことごとく対立していた組合には格好の攻撃材料を与えることになった。

国鉄改革のなかで、国鉄の職員のなかから、当局が新しい会社に採用する要員を選別して採用するという荒業で、ようやく私鉄並みの生産性を実現した。

実際にJR各社が採用することになった人員数は、この私鉄並みの生産性を実現するためのJR旅客会社の要員数に二割程度の過員を加えた数であった。そのほか、通信会社やシステム会社が採用する分を含め、全部で二一万五〇〇〇人ということになる（図表5）。

事前の準備として、JR各社の採用名簿を決める前に、北海道や九州から東京、名古屋、大阪への広域異動を行った。組合への説明があったのは一九八六年三月である。

北海道や九州ではエネルギー政策の転換によって炭鉱の閉山が相次ぎ、それにともなって鉄道輸送も縮小した。運炭列車が廃止されるだけでなく、ローカル線の廃止も相次いだ。

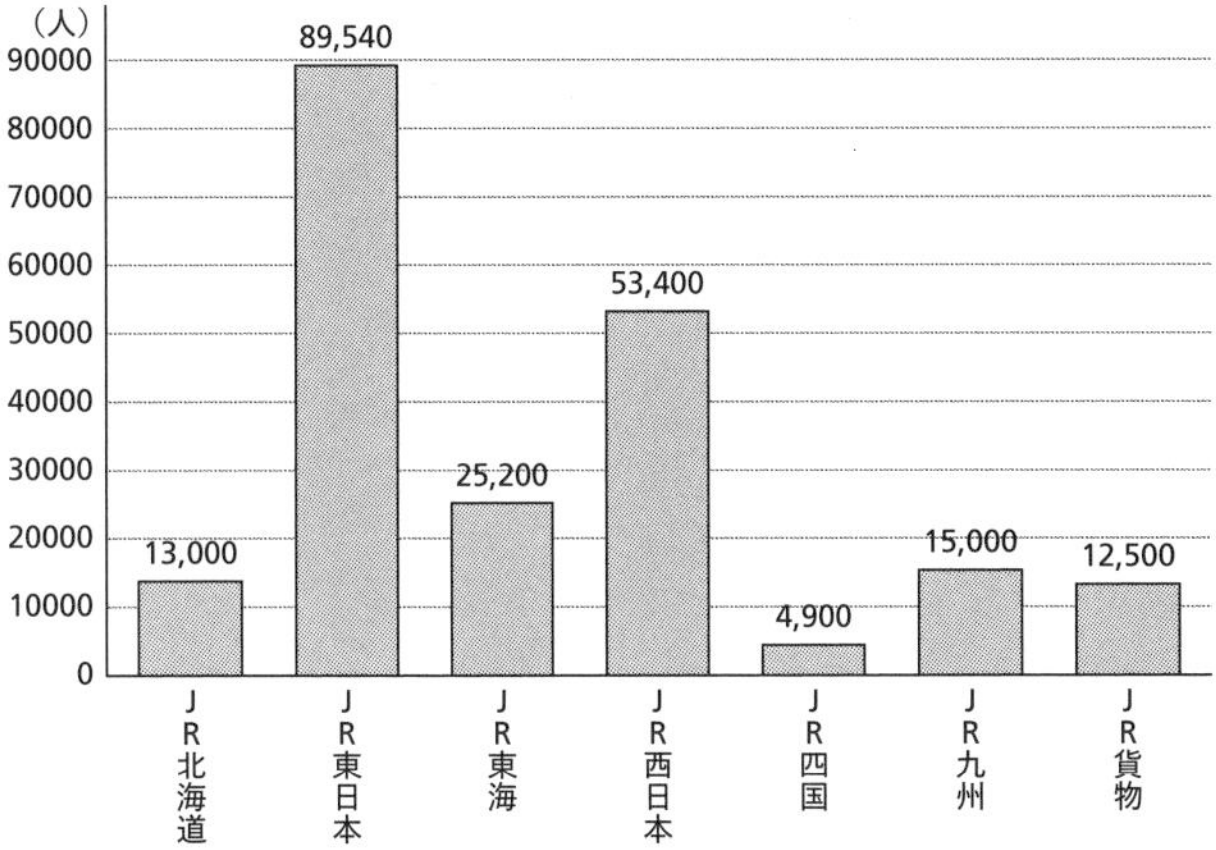

図表5　JRグループ発足時の採用人員数
出典：『交通年鑑』など各種資料より筆者作成

北海道では一万三〇〇〇人、九州では一万一〇〇〇人が過員となっていた。それに対し、大都市では輸送改善のために人員が足りなかった。そこで、北海道と九州ではＪＲに移行できる職員の数がかぎられるため、あらかじめ広域的に人員の需給状況をならしておこうということである。

国鉄の職員数は公的部門への転出や希望退職により、一九八六年一二月一日には二七万七〇〇〇人に減っていた。この時点で職員全員に意思確認書の提出を求めた。ＪＲで引き続き仕事がしたいか、それとも辞めるかということである。

一九八七年一月七日にその結果が集計

されたが、ＪＲを希望した職員数は二一万九〇〇〇人であった。その後、四九三八人がＪＲへの採用を辞退したことなどがあったほか、国労の組合員を中心に新会社に採用されなかったため、実際にＪＲに移ったのは二〇万六〇〇〇人であった。

採用予定数を確保できたのは北海道と九州の二社だけで、東日本は五一九七人、東海は三二五九人、西日本は四五七人、四国は二九〇人、貨物は二一一人の不足であった。旅客会社はもともと二割上乗せしていたため、不足のまま新会社の旗揚げということになった。

ＪＲに移行する前日の一九八七年三月末時点の職員数は二二万四三〇〇人であった。二〇万六〇〇〇人がＪＲ各社に移ったほか、二万三七〇〇人は清算事業団にそのまま移行した。内訳は本来業務要員が二五〇〇人、退職前提休職が一九〇〇人、公的部門など内定者が一万一五〇〇人、残る七八〇〇人が再就職のための教育や再就職先の斡旋を受けることになった。広域異動に応じて大都会に異動した職員は若者が多かったため、ＪＲ北海道が発足した時点で、すでに職員の年齢構成は歪《いびつ》で、四〇歳代前半が突出していた。

ＪＲ北海道が発足してからも新規採用を大幅に絞ったため、その後も若年層の構成比が著しく低位に推移した（図表6）。

最近の年齢構成は、報道によると、二〇代が二七・四％、三〇代が二三・一％、四〇代

		～25歳	～30歳	～35歳	～40歳	～45歳	～50歳	50歳～
1987年度	職員数（人）	230	1,540	1,950	2,280	3,380	2,610	980
	比率（%）	2	12	15	18	26	20	7
1993年度	職員数（人）	290	270	1,470	1,870	2,220	3,250	2,670
	比率（%）	2	2	12	16	19	27	22

図表6 JR北海道の社員年齢構成（年度初）
出典：『交通年鑑』など各種資料より筆者作成

が九・五％、五〇代が三九・〇％であるという。一九九三年の時点で二〇代の構成率が四％しかなかったため、若年職員の構成率は大きく増加しているが、一九九三年の三〇代が現在の五〇代にそのまま持ち上がったかたちになっている。

近年、年齢層のピークになる五〇歳代の退職が続いているため、年間二〇〇人台の新規採用を行っている。二〇代が増えているために、かえって三〇代の後半から四〇代の前半の年齢層が大きく抜け落ちた職員構成になっているのが特徴である（図表7）。

ＪＲ北海道は設立時に職員数一万三〇〇〇人で発足したが、その年度末には一万二一一一人まで減少した。その後、要員数の見直しや業務の外注化によって社員数は大幅に減少した。二〇一一年の人員数は一九八七年の五七％と半減している。そのなかでも、本社、現業ともに線路の保線などを担当する工務の部門での減り方が大きかった（図表8）。

ＪＲの労働組合はＪＲ移行直前の一九八七年二月に国鉄改革に協力した動労が鉄道労連に組織替えされた。また国労から鉄産総連が分離した。同じ年の五月には国労から鉄輪会が分離し、鉄道労連と統合してＪＲ総連となる。この段階でＪＲの労働組合はＪＲ総連が圧倒的多数を占めることになった。

一九九一（平成三）年に、このＪＲ総連からＪＲ東海労組、ＪＲ西労組、ＪＲ四国労組、ＪＲ九州労組が飛び出し、ＪＲ西労組は西日本鉄産労に合流した。さらに、翌年にはこれらの組合が鉄産総連に合流してＪＲ連合となった。全国的にはＪＲ連合のほうが組合員数では多数派となり、ＪＲ総連と逆転した。

北海道の場合は多数派のＪＲ北海道労組がＪＲ総連に残った。連合側は北海道鉄産労に国労の組合員が加わり、ＪＲ北労組を組織して勢力の拡大を目指したが、次第に劣勢に推移している。ＪＲ北海道労組はＪＲ北労組を体制寄りとして対立し、ＪＲ北労組による組合員の引き抜きを体制側による組合攻撃として糾弾している（図表９）。

「霞が関埋蔵金」による支援も

国鉄改革ではＪＲ各社がいずれも営業収益のおおむね一％の利益が出るように調整され

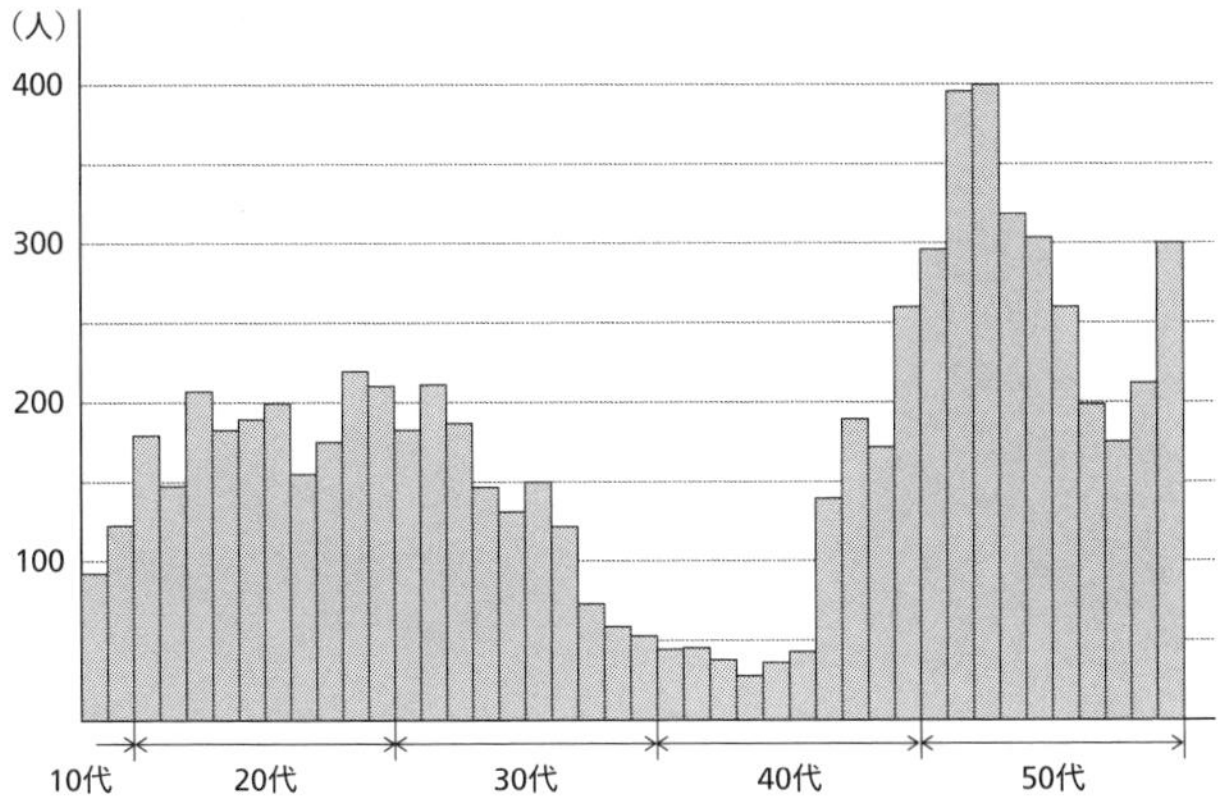

社員年齢構成(平成22年4月1日現在)

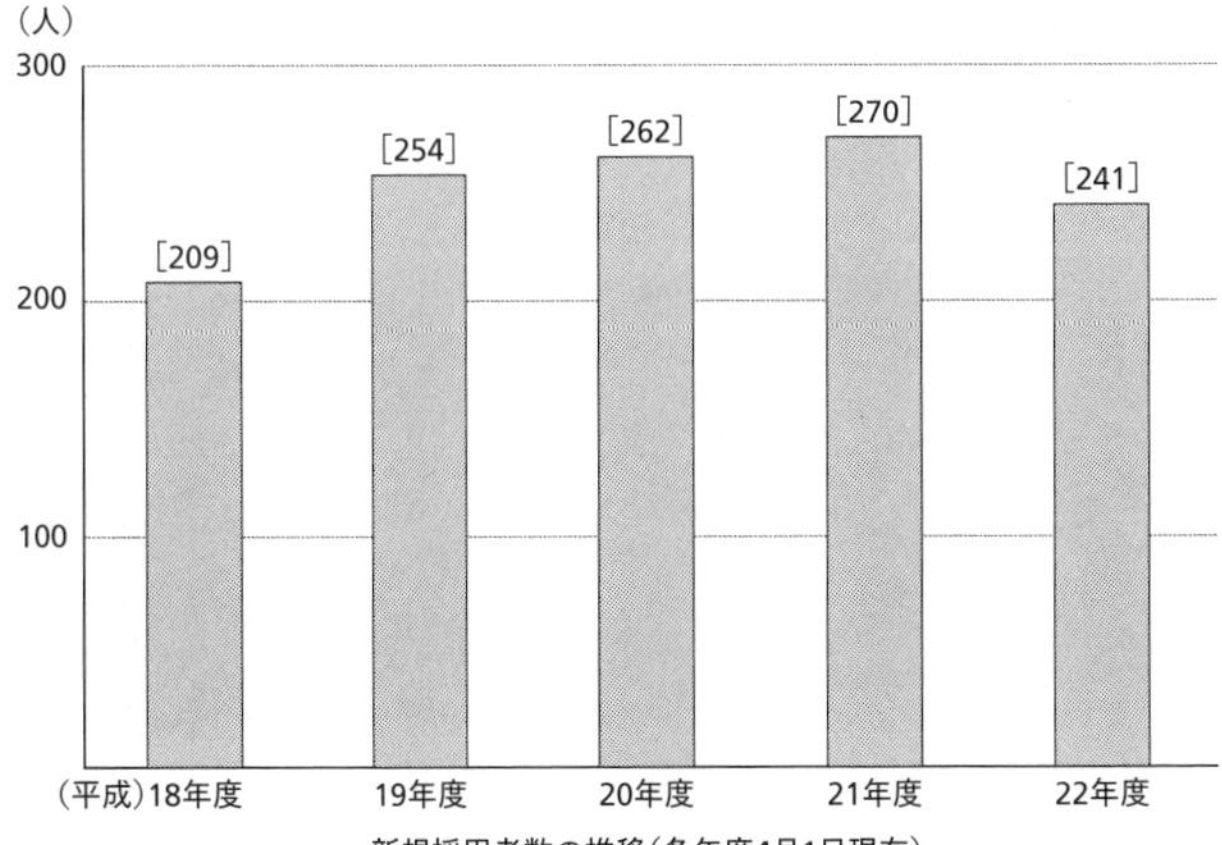

新規採用者数の推移(各年度4月1日現在)

図表7 JR北海道の社員年齢構成と新規採用者数の推移
出典:JR北海道『安全報告書2011』

年	役員	本社							現業部門										合計
		総務	運輸	工務	電気	車両	建設	計	駅職員	運転士	車掌	その他	小計	工務	電気	車両	建設	計	
1987	13	1,435	554	272	155	16	48	2,480	2,583	1,580	797	1,225	6,185	2,309	483	596	58	9,631	12,111
1991	15	2,584	495	282	147	14	61	3,583	1,737	1,358	594	921	4,610	1,596	425	608	45	7,284	10,867
1996	19	3,097	621	230	146	8	81	4,183	1,827	1,279	462	884	4,452	1,265	357	543	-	6,617	10,800
2001	17	2,905	611	158	122	8	55	3,859	1,356	1,239	453	835	3,883	908	209	459	-	5,459	9,318
2006	20	2,033	592	158	118	7	67	2,975	1,248	1,120	444	688	3,500	881	189	419	-	4,989	7,964
2011	20	1,219	638	178	126	10	67	2,238	1,134	1,039	389	721	3,283	761	214	374	-	4,632	6,870
2011-1987	7	-216	84	-94	-29	-6	19	-242	-1,449	-541	-408	-504	-2,902	-1,548	-269	-222	-	-4,999	-5,241
2011/1987 (%)	154	85	115	65	81	63	140	90	44	66	49	59	53	33	44	63	-	48	57

図表8　JR北海道の職員数（特記以外の単位は人）
出典：国土交通省「鉄道統計年報」より筆者作成

た。経営目標となる利益率が経常利益であるのか最終利益であるのか不明であるが、事前に試算された利益額は北海道が収入一二七九億円に対して九億円、東日本が収入一兆三八四九億円に対して一三八億円、東海が収入七七九五億円に対して七八億円、西日本が収入七〇五三億円に対して七一億円、四国が収入四三〇億円に対して三億円、九州が収入一三

年	JR北海道労組	JR北労組	鉄産労	国労	全勤労	建交労
1987	7,760	-	2,760	1,590	180	-
1991	7,700	-	2,500	1,100	150	-
1995	7,600	-	2,300	960	140	-
1999	6,910	-	1,530	730	90	-
2003	6,409	1,477	-	356	-	57
2004	6,259	1,425	-	336	-	51
2005	6,171	1,373	-	320	-	47
2009	5,546	799	-	208	-	12
2012	5,471	591	-	139	-	10

[正式名称]JR北海道労組=北海道旅客鉄道労働組合、JR北労組=JR北海道労働組合、鉄産労=北海道鉄道産業労働組合、国労=国鉄労働組合北海道本部、全勤労=国鉄動力車労働組合北海道地方本部、建交労=全日本建設交運一般労働組合北海道鉄道本部

図表9 労働組合の組合員数(人)
出典:『交通年鑑』ほか各種資料より筆者作成

四八億円に対して一一億円としていた。

ＪＲ北海道は一九八七年度の鉄道事業の営業収益が七二六億円あったほか、まだ青函《せいかん》トンネル開通の前年にあたるため、青函連絡船の収入があり、全事業営業収益は九一九億円であった。これに対し、全事業営業費用は一四五七億円であった。差し引き五三八億円が営業損失である。これに加えて経営安定基金の運用益四九八億円の収入があり、経常利益は二二億円の赤字、最終的には純利益一二億円となった。経常損失を計上しているため、売上高経常利益率はマイナスである。

ＪＲ本州三社はというと、東日本は全事業営業収益一兆五六五七億円、同営業費用一兆二六九二億円で、同営業利益は二九六五億円、経常

利益は七六六億円であった。最終利益は二七四億円で、売上高に対する比率は経常利益率四・九％、最終利益率一・七％と試算を大きく超えている。

西日本の場合は全事業営業収益七六三一億円、同営業費用六九二三億円、同営業利益七〇八億円、経常利益は八〇億円、最終利益は二〇億円である。売上高経常利益率は一・〇％、同最終利益率は〇・二％となる。経常利益率については試算どおりである。しかし、東日本が大幅に試算額を上回る利益を計上しており、収益調整が最初から見込み違いであったということができる。

ＪＲ北海道は四九八億円という経営安定基金からの運用益を受け入れても赤字であった。なお、ＪＲ北海道は六八二二億円の基金を設定したが、まだ全額を国鉄清算事業団（現在は鉄道・運輸機構が業務を引き継ぐ）が預かっており、七・二％というバブル末期の高金利の時代にあっても、きわめて高い金利が支払われた。

順次、基金がＪＲ北海道に返済されて自主運用分が増えるにしたがって、運用利率も低下していった。一九九六（平成八）年度で全額の返済を終了したが、この段階での運用利率は三・二％である。運用益の減少によって経常収支で赤字が続いていた。旅客運輸収入も一九九六年度をピークに低下していたため、経営安定基金の運用益の減少分を埋め合わせるために、いきおい営業費用が切りつめられることになる（図表10、図表11）。
損益計算で一九九八年度の最終利益が大幅な赤字となっているが、これは退職給与引当金の計算基準が変更になったためである。

その後、経営安定基金の運用益はＪＲ発足時に比べて半分に減少していった。折しも民主党（現・民進党）政権において「霞《かすみ》が関埋蔵金《せき》」として鉄道・運輸機構の特例業務（旧国鉄清算事業団の業務）の勘定に一兆二〇〇〇億円の剰余金があることが指摘され、一般会計への繰り入れが求められたが、剰余金は現金として保有しているわけではないため、無理な話で、この剰余金を活用してＪＲ三島会社と並行在来線第三セクターの経営支援を行うことになった。

ＪＲ九州は財務状況が健全なため、この支援策から除外された。この剰余金を使って設備投資を支援するメニューも用意されたが、これは九州を含むＪＲ三島会社とＪＲ貨物が対象である。

二〇一一年度から、ＪＲ北海道と四国には経営安定基金の実質的な積み増しとして支援機構が特別債券を発行して二社に支給し、毎年金利が支払われることになった。ＪＲ北海道に支給された額は二二〇〇億円である。受け取り利息は二〇一二年度で五五億円であっ

年度	営業キロ	列車キロ	旅客数	旅客運輸収入	営業利益	経常利益	当期純利益
	km	万キロ	百万人	億円	億円	億円	億円
1987	3,192.0	3,535	96	623	-538	-22	12
1988	（不明）	3,671	103	705	-533	-12	29
1989	2,629.5	3,514	103	687	-527	2	31
1990	2,628.7	3,640	110	727	-490	16	36
1991	2,625.7	3,705	117	755	-483	20	43
1992	2,628.3	3,812	123	762	-483	20	43
1993	2,628.3	3,825	126	760	-453	5	48
1994	2,622.7	3,811	128	763	-421	1	50
1995	2,500.9	3,782	129	770	-406	-14	25
1996	2,500.9	3,748	129	800	-381	-35	13
1997	2,499.8	3,799	125	782	-371	-36	-43
1998	2,499.8	3,807	125	759	-327	19	-984
1999	2,499.8	3,791	123	747	-303	15	71
2000	2,499.8	3,693	122	735	-299	4	61
2001	2,499.8	3,648	121	742	-288	13	71
2002	2,499.8	3,729	121	736	-287	15	80
2003	2,499.8	3,690	123	728	-284	15	29
2004	2,499.8	3,680	124	729	-270	26	30
2005	2,499.8	3,682	125	730	-307	2	-56
2006	2,499.8	3,653	126	730	-296	64	40
2007	2,499.8	3,659	127	734	-281	3	21
2008	2,499.8	3,609	128	721	-265	-24	-50
2009	2,499.8	3,599	126	692	-249	2	9
2010	2,499.8	3,568	127	677	-259	-4	-18
2011	2,499.8	3,550	129	672	-307	-44	-47
2012	2,499.8	3,532	131	688	-309	9	13

図表10　JR北海道の経営データ
出典:『鉄道統計年報』など各種資料より筆者作成

年度	経営安定基金				機構特別債券	
	総額	評価差額金	自主運用額	運用益	借入金	受取利息
1987	6,822	-	0	498	-	-
1988	〃	-	0	498	-	-
1989	〃	-	655	496	-	-
1990	〃	-	1,358	491	-	-
1991	〃	-	2,114	490	-	-
1992	〃	-	2,925	469	-	-
1993	〃	-	3,797	444	-	-
1994	〃	-	4,734	408	-	-
1995	〃	-	5,740	378	-	-
1996	〃	-	6,822	337	-	-
1997	〃	-	6,822	324	-	-
1998	〃	-	〃	340	-	-
1999	〃	-	〃	312	-	-
2000	〃	53	〃	292	-	-
2001	〃	19	〃	296	-	-
2002	〃	6	〃	297	-	-
2003	〃	22	〃	293	-	-
2004	〃	-	〃	289	-	-
2005	〃	-	〃	290	-	-
2006	〃	-	〃	339	-	-
2007	〃	3	〃	273	-	-
2008	〃	-193	〃	231	-	-
2009	〃	(不明)	〃	241	-	-
2010	〃	-54	〃	240	-	-
2011	〃	-70	〃	235	2,200	15
2012	〃	326	〃	254	2,200	55

図表11　JR北海道の経営安定基金など(億円)
出典:会計検査院の報告書など各種資料より筆者作成

た。基金ではなく、債券を発行して支給したのは、支援機構の剰余金が現金として存在しないからである。

支援機構の特例業務は旧国鉄職員の年金費用、業務災害補償（アスベスト被害など）などの支払い、旧国鉄から承継した土地の処分、JR株式の処分、JR本州三社が払う新幹線債権の償還金の受け入れ、JR三島会社に対する無利子貸付などである。

「貨物列車」というリスク

JR北海道では海峡線（通称は津軽《つがる》海峡線。以下通称で表記）と函館本線に本州からの貨物列車が頻繁に走行している。北海道民にとっての生活必需品が運ばれ、北海道からは農産物や工業製品が本州に向けて出荷されている。近年、労働年齢人口の減少と長引く不況のなかでリストラが続いたため、その反動で労働力の需給がタイトになり、とくに身体的に厳しいトラックの運転手の人手不足は深刻な状況にある。そのため、鉄道貨物が見直され、輸送量の増加に対応して列車の増発も進められている。

北海道の場合は青函トンネルが新幹線と共用であるほか、本州側の津軽線、北海道側の江差《えさし》線（現・道南いさりび鉄道線）などで単線区間が存在しており、また函館本線では高速運転する特急列車によって貨物列車の増発の余地がない。

貨物列車は編成両数が多いのに加え、軸重（車軸あたりの重量）も重いため、線路に対する負担が旅客列車に比べて大きい。しかし、その線路使用料は国鉄改革のなかで実際のコストを反映したものではなく、割安に設定されている。政策的にＪＲ貨物の線路使用料を低くしてコストを削減することは正当であると考えるが、その負担を赤字のＪＲ北海道に押しつけるのはいかがなものだろうか。

一九八七（昭和六二）年四月一日に国鉄は分割民営化されたが、旅客輸送については全国を六つの地域に分割したのに対し、貨物輸送については全国を一社が担当することになった。地域分割に対して唯一、機能分割によってＪＲ貨物が設立されることになったわけであるが、その理由のうち、最も重要なのは、国鉄にとって貨物輸送部門は最大の赤字の発生源であったという事実である。

国鉄改革によって設立された新しい経営体は、それぞれが自立した経営が可能となることが絶対的な要件とされた。そして、巨額の損失を出し続けてきた貨物部門を地域分割されたそれぞれの経営体が旅客輸送とあわせて経営すれば、その経営基盤が危うくなることが容易に想像できた。

そこで、全国の貨物輸送を一元的に経営する経営体として貨物鉄道会社を設立することになったわけである。しかも、その貨物鉄道会社についても自立的な経営を行うことが要求されたため、経費面で採算可能なしくみが編み出されることになったのである。

一九八五年七月二六日に日本国有鉄道再建監理委員会が総理大臣に提出した「国鉄改革に関する意見――鉄道の未来を拓くために」のなかで、次のように表現していた。

「鉄道貨物輸送により発生する経費を正しく把握し、それに基づく貨物部門独自の確固とした収支管理を前提に、経営責任を明確化する」

「鉄道貨物会社が自立していくためには、適正なレール使用料等独立の事業体として負担すべき経費を賄いつつ採算がとれることが不可欠の前提である」

貨物鉄道は旅客鉄道が保有・管理する線路を使用して線路使用料を支払うが、その線路使用料は貨物鉄道の採算がとれることを前提に「負担すべき経費」を峻別して算定されることを、この文言は意味していた。

「国鉄改革に関する意見」では線路使用料などの具体的な内容については課題が整理されただけで、結論は先送りされた。その後、関係主体と協議が進められた結果、最終的に採用されたのがアボイダブルコスト・ルールである。アボイダブルコスト（回避可能経費）

とは、簡単にいってしまえば、貨物列車が運行しない場合には生じない費用である。あるいは貨物列車の運行を止めてしまえば必要なくなる費用であり、それでもかかる費用については旅客会社が負担するのが当然ということになる。

ＪＲ貨物は各ＪＲ旅客会社とのあいだで「線路使用協定」を締結し、一九八七年四月から実施した。その契約期限は二〇年目の二〇〇六（平成一八）年度の末までとなっていた。しかし、その後もほぼ同じルールが継続している。

この線路使用料の計算は費目ごとに緻密に規定されているというが、実際にどこまでを回避可能費用として線路使用料の算定の根拠としているかは公表されていない。一説には実際の線路使用料はごく控えめに算定されており、貨物列車しか運行しない場合にかかるコスト（フルコスト）の五分の一にすぎないという。

もともと国鉄として旅客と貨物は一体的に経営されており、ごく自然に旅客輸送の収益で貨物輸送の損失を内部補助していた。その内部補助を正当化する根拠として、回避可能経費の考え方が使われていた。

貨物輸送の収入がその回避可能経費を賄っているかぎり、これは資源配分の効率性を損なう内部補助とは認定されないという考え方もある。その場合、旅客輸送にはなんら余計な費用を負担させていないのだから、旅客運賃にはまったく影響しないのである。

経営を圧迫する貨物のための「過剰すぎる」施設

しかし、これはあくまでも、ひとつの経営体における内部補助に関する議論である。

一九八三（昭和五八）年八月二日の日本国有鉄道再建監理委員会の「日本国有鉄道の経営する事業の運営の改善のために緊急に講ずべき措置の基本的実施方針について」では、「昭和六〇年度において貨物輸送のみから発生するいわゆる貨物固有経費について収支均衡を達成することとし、さらに、その後引き続き合理化を進めることにより、昭和六二年までに旅客部門に負担をかけることなく事業を行える体制の確立を目指すこととし、そのための具体的な計画を早急に策定すべきである。旅客部門に負担をかけない体制とは貨物固有経費のほかに貨物に配賦される共通経費のうちの回避可能経費すなわち国鉄が旅客輸送を行うとした場合に不要となる経費を加えて収支を均衡させる」と説明していた。

ＪＲ貨物の旅客会社に対する線路使用料は、この旅客に負担をかけない体制がもとになっている。つまり、その論理は内部補助による旅客部門に対する依存関係の改善を目的としたものであった。

国鉄改革によって、従来の国鉄内部の依存関係がそのままJR会社間の関係に引き継がれることになったのであるが、当初はJR本州三社を含めて株式のすべてを国鉄清算事業団が保有していたため、依然として会社間の資本関係は継続しており、内部補助の構造は是認されうる状況があった。

また、二〇〇二（平成一四）年一二月一日に東北新幹線が八戸《はちのへ》まで開業した際に、並行在来線の東北本線の経営が青《あお》い森《もり》鉄道（インフラは青森県）とIGRいわて銀河《ぎんが》鉄道に引き継がれた。その際に問題になったのがJR貨物の線路使用料であった。

経営を引き継いだ第三セクターはJR貨物に対して線路使用料をアボイダブルコストからフルコストに引き上げることを要求した。しかし、JR貨物にとっては新幹線の開業によってなんら利益を受けていないことから、線路使用料を引き上げる理由はなかった。

新幹線が開業し、並行在来線からは、それまで稼ぎ頭の特急列車が寝台特急を除いてすべて廃止され、その結果、旅客列車と貨物列車の本数がほぼ同数となった。それに加えて、旅客列車はせいぜい二両編成であるのに対し、貨物列車は最大一〇〇〇トン（二〇両、機関車の重量は別）の重量がある。圧倒的に貨物列車のほうが線路や架線に対する影響が大きいのである。

旅客列車だけを運行するのであれば複線を維持する必要もなく、また肥薩おれんじ鉄道のようにディーゼルカーに置き換えれば電力施設も必要なくなる。その結果、貨物輸送がフルコストを負担し、旅客輸送が固有経費を負担すべきと主張する理由づけが成り立つことになる。

最終的にJR貨物が青森県と第三セクターに支払う線路使用料を一〇億円上乗せ（調整金）することになるが、この一〇億円についてはJR東日本が支払う新幹線の線路使用料のうち一〇億円をJR貨物に調整金として支払うことにして、JR貨物はいっさい追加負担を免れることで決着した。

国鉄時代の内部補助を根拠とした現行の線路使用料は、完全民営化したJR本州三社、JR九州との関係、整備新幹線の並行在来線を引き継いだ新しい経営主体とのあいだではそのまま通用するわけではない。また、JR北海道の場合には並行在来線とまったく同じ問題がある。旅客列車より貨物列車による線路の負担は大きい。共通費をすべて旅客列車が負担する現行制度を今後も続けていくのは難しいのではないだろうか。

整備新幹線の並行在来線のJR貨物の線路使用料については二〇一一年度から鉄道建設・運輸施設整備支援機構の特例勘定の利益剰余金を財源に調整金が積み増しされている。

この調整金の制度をJR北海道やJR四国にも適用すべきであろう。その場合、財源は整備新幹線の使用料をあてる理由はないため、国がモーダルシフト（環境にやさしい交通機関に需要を誘導する政策）を進める政策のための経費として一般財源から支出される必要がある。

JRグループを追いつめる高速道路無料化

JR三島会社の厳しい経営環境に追い打ちをかけたのが、高速道路のETC（電子料金収受システム）一〇〇〇円上限と無料化社会実験であった。

二〇〇八（平成二〇）年に自民党政権に対する国民からの信任が揺らいできたことから、翌年八月に行われる衆議院総選挙に向け、「高速道路利便増進事業」として国民の生活に直結する高速道路料金の大幅な割引が行われた。当時、野党最大勢力の民主党が「高速道路無料化」をマニフェストに掲げていたため、それに対抗した措置であった。

福田《ふくだ》康夫《やすお》総理は、参議院で野党が多数派をとる「ねじれ国会」で、二〇〇八年六月にはその参議院で総理大臣に対する問責決議が議決された。これを受けて、二〇〇八年九月一日に福田総理が辞任を発表した。

二二日の自民党の総裁選で麻生太郎が勝利し、二四日に国会で首班指名を受けた。福田総理が在職中の九月一六日に「社会実験」として高速道路ＥＴＣ割引を大幅に拡大した。従来の平日深夜五割引に加えて、平日夜間三割引と土休日昼間の五割引などを実施した。

さらに、二〇〇九年三月からは土休日ＥＴＣ設置の普通車に対する上限一〇〇〇円割引の実施と続くことになる。これも政局がらみの国会の混乱のなかで補正予算の成立が遅れたために、三月下旬から順次、準備ができたところから開始することになった。

二〇〇九年八月の総選挙では民主党が圧勝し、社会民主党、国民新党と三党の連立内閣が成立する。民主党代表の鳩山由紀夫《はとやまゆきお》氏が総理大臣に就任し、国土交通大臣は民主党元代表の前原誠司《まえはらせいじ》氏が就任した。

民主党政権は秋に概算要求を出し直すことを各省に要求し、高速道路に関する重点要望については、二〇一〇年度において高速道路会社による高速道路整備を推進するため、高速道路の通行料金の割引などの「利便増進事業」を抜本的に見直すとした。

民主党のマニフェストで廃止を明示していた自動車関連諸税の暫定税率について、重点要望では一転して税率を維持することを求めた。道路整備の財源とするために、自動車関係税には暫定税率が付加されていた。これを廃止すると高速道路の建設が遅れるとして、与党内部からも反対する意見が出された。

　マニフェストで約束した高速道路の無料化も、割引率の順次拡大や統一料金制度の導入など、社会実験を実施し、その影響を確認しながら段階的に進めるとの内容に大幅に後退した。暫定税率を付加する根拠として主張されていたのが、暫定税率が省エネ効果を促進するための実質的な「環境税」となっているということであった。そこで、暫定税率を廃止したうえで環境税を導入するという意見も出されたが、この点についても「今後の検討課題」とした。

政争の具となった高速道路料金

二〇一〇（平成二二）年四月九日に前原国土交通大臣は、値下げ財源の一部を高速道路の建設財源に回すため、「利便増進事業」の土休日ＥＴＣ割引上限一〇〇〇円を見直し、新料金体系として継続することを表明した。民主党はマニフェストで高速道路無料化を打ち出していたが、結局、無料化ではなく、自民党政権下で決められた新料金体系を見直して継続することをうたったのである。

　この間に民主党の小沢一郎《おざわいちろう》幹事長による政策決定の一元化が進められたが、小沢はもともと保守系であり、高速道路の建設を促進する考え方を持っていた。高速道路の建設を削減して通行料を無料化する考えを持っていた前原大臣と意見が対立することになる。

「新たな料金体系」は従来の複雑な割引料金を単純化することを主眼としており、普通車の上限料金を二〇〇〇円とするほか、同様の上限料金を大型車にも設ける。また、軽自動車の割安な料金を設定するとともに、環境にやさしいエコカーは軽自動車料金で通行できることにする。路線バスやトラックのような大口・多頻度利用に対する割引や時間帯割引については激変緩和措置として年度末までの期限を切って継続するとした。「新料金体系」は従来の土日一〇〇〇円の割引料金に比べて値上げとなるが、これは小沢が横槍を入れ、高速道路の整備費を三〇〇〇億円から一兆四〇〇〇億円に増額したからであった。

二〇〇九年三月暫定税率の撤廃で活躍した民主党国会議員による「ガソリン値下げ隊」の隊長、川内博史《かわうちひろし》民主党衆議院議員は、衆議院の国土交通委員会の委員長でありながら、この見直し案に対して真っ向から反対した。

四月二一日には政府・民主党間での首脳会議の場で、小沢幹事長がこの新料金制度の見直しを求めるにおよんで、民主党内での政府対党の様相に展開した。基本的に党代表であり、内閣を率いる鳩山総理がこの問題に直接考えを示さなかったことで、この小沢対前原という党内対立の構図として世間には捉えられた。

四月二二日夕方、国会内で小沢幹事長に近い議員が「国土交通議員政策研究会小委員会」を開いて前原批判を展開。同日に政府民主党は新料金の見直しについて道路整備事業財政特別措置法改正案の国会審議のなかで検討する考えを示した。しかし、翌日午前の閣議後記者会見で前原大臣は、小沢幹事長が道路整備を求める一方で、高速道路の料金値下げを主張することに対して痛烈な批判を行った。

六月に予定していた高速道路新料金は割引内容が複雑であるうえに、一〇〇〇円から二〇〇〇円への値上げであることに党内からの反発があり、絶望的となった。ただ、同時に実施する予定であった地方五〇区間の無料化実験については予定どおりに六月二八日から実施された。

二〇一一年に入ると、従来の土休日ＥＴＣ一〇〇〇円割引を継続したうえで、ＥＴＣの有無にかかわらず、平日上限料金（軽自動車一〇〇〇円、普通車二〇〇〇円）を四月から開始することを発表した。

しかし、この年の三月一一日三陸沖から福島沖までを震源とする連動型の東日本大震災が発生し、未曽有《みぞう》の大災害となった。このため、復興費用を捻出するために無料化社会実験を六月一九日に「一時凍結」としながらも、実質的に中止し、新たな値下げも実施前に中止が決まった。

このままでは日本の公共交通全体が危ない

高速道路の割引によって大きな影響が出たとされるのがカーフェリーと高速バスである。二〇一〇（平成二二）年三月五日に日本旅客船協会と日本長距離フェリー協会加盟の各社による高速道路問題対策委員会は海運ビルで記者会見を開き、高速道路割引導入後のフェリーの減収額が二一〇億円に達することを発表した。そのため、全国で四社五航路が廃止を余儀なくされた。

トラック業界でも動きがあった。北海道と北海道トラック協会は二〇一〇年一月～三月のあいだにフェリーを利用する会員のトラック事業者に対して総額二億円を補助した。

高速バスについては、二〇〇九年一〇月一九日に日本バス協会が国に対して高速道路料金見直しについて要望書を提出した。バス業界は「土休日・マイカー原則上限一〇〇〇円施策」の実施によって高速バス、空港リムジン、貸切バスの運行に甚大な影響を受け、「渋滞運行遅延」「運行コスト増大」「旅客減少」の三重苦によって急速な経営悪化も招いていることを訴えた。九州バス協会は新料金の実施と一部高速道路の無料化実験について、五月二〇日に署名一二万三四三九人分を添えて陳情書を民主党と国土交通省に提出した。新料金移行によるいままでの営業用バスに対する割引の廃止について懸念を表明した。

二〇〇九年一〇月二日にJR各社は国土交通省に対し、高速道路無料化は「高速道路網と競合関係にある地方圏の都市間輸送等の鉄道ネットワークに大きな影響が生じ」「高齢化社会における地方の足としての役割が果たせなくなる」との見解を示し、「競合交通機関への影響及び交通弱者などに対する十分な配慮を講じる」とのマニフェストの遵守を求める要望書を提出した。

JR各社は高速道路の割引によって影響を受けたが、各社の決算内容は景気後退による減収が大きく、高速道路の影響額が減収全体に占める比率は比較的小さいものとなった。

しかし、そのなかでも、JR四国については例外で、経営の屋台骨を揺るがすほどの大きな影響があったということができる。同社の『平成二二年度事業計画』では、二〇〇八年度の運輸収入二五二億円に対し、高速道路の土休日一〇〇〇円の影響によって一四億円の減収があり、また景気の後退による一一億円の減収で、二〇〇九年度の決算見込み額を二二七億円とした。なお、決算によって確定した運輸収入額は二二九億円であるため、見込みを二億円上回っている。

国鉄分割民営化によってJR四国が発足した当時（一九八七＝昭和六二年）、四国内に高速道路はなかった。翌年に本四架橋の備讃瀬戸《せと》ルート（鉄道併設）が開通して初めて本州と陸続きになったのは画期的であったが、同時に四国でも高速道路時代に入るエポックとなった出来事であった。現在では高速道路は四国内の都市間を網羅しており、本四間の架橋も明石・鳴門ルート、瀬戸内《せとうち》しまなみ海道と、三つのルートが完成している。

本四架橋三ルートはもともと本州四国連絡橋公団が整備・運営していたが、道路関係公団の民営化にともない、現在は本州四国連絡高速道路株式会社に移行した。

瀬戸大橋の通行料金は四一〇〇円で、これに両側の高速料金が合算された。高速道路の土休日割引（ETC割引）では両側のNEXCOが運営する区間は通算で上限一〇〇〇円であるが、これとは別に本四架橋分として普通車一〇〇〇円（上限）が必要なため、本四間の高速道路通行料は二〇〇〇円ということになった。

従来は本四架橋区間での通行料が本四間の自動車交通量を抑制していたのが、この割引で一気に料金に対する抵抗感がなくなった。二〇〇九年のゴールデンウィーク中（四月二五日～五月六日）の本四架橋三ルートの通行量は大鳴門橋で対前年一三二％、瀬戸大橋で

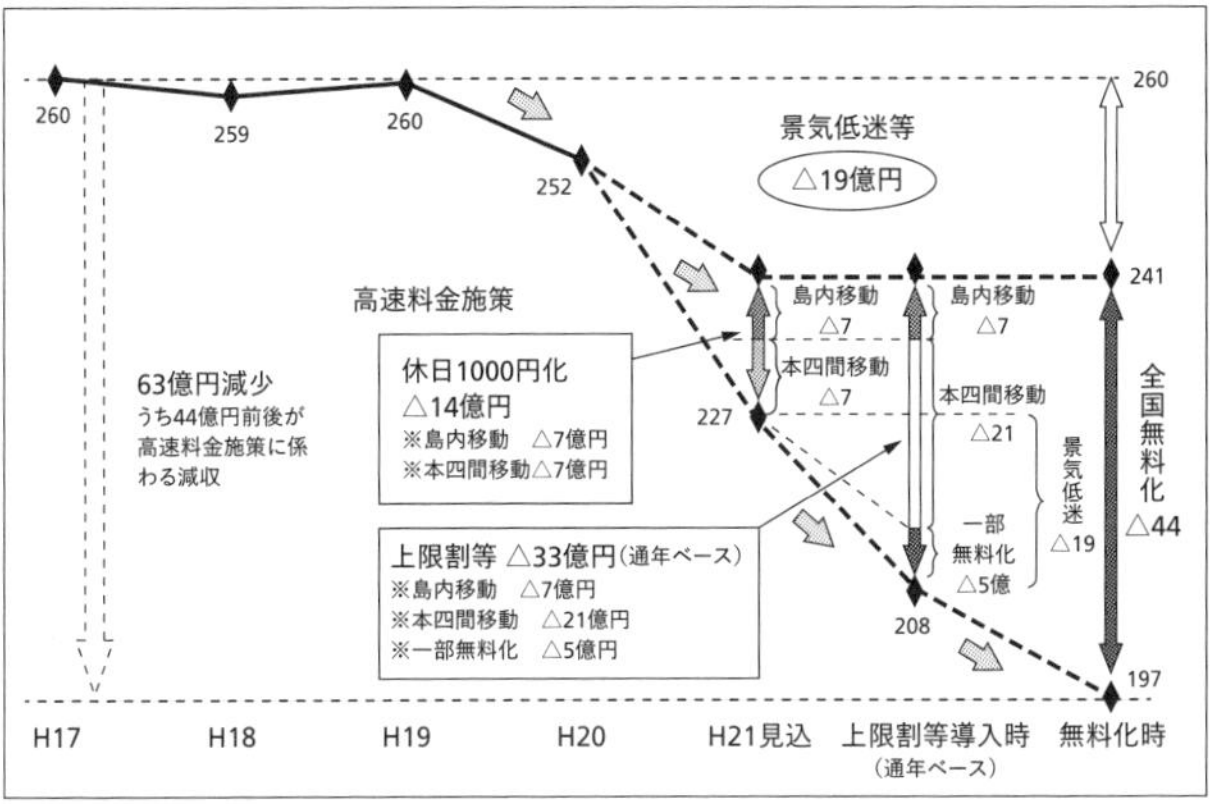

注）影響額については、一定の前提にて想定したものであり、状況により変化することがある。

図表12　JR四国の鉄道運輸収入の状況
出典：JR四国「平成22年度事業計画」

一六五％、多々羅《たたら》大橋で一七三％、全体で一五〇％という大幅な増加となった。一方、ＪＲの旅客輸送量（四月二四日〜五月六日）は前年比八九％と大幅な減少となった。

四国への入り口での鉄道旅客の自動車へのシフトが、四国全体のＪＲの定期外旅客の減少につながった。

六月中に実施を予定していた高速道路上限二〇〇〇円新料金では瀬戸大橋部分が平日、休日の別なく二〇〇〇円となることになっており、これが実施されると、割引が平日に拡大することで、さらなる鉄道への影響が危惧されたが、これは既述したとおり、中止された（図表12）。

第三章　国鉄がつくったローカル線問題

意義のあるローカル線建設とは

ＪＲ北海道の近年の経営問題について、そもそも国鉄改革が間違いであったという意見が見られるが、国鉄時代のローカル線問題や国鉄改革とはなんだったのかを回顧する必要があるだろう。

北海道は一九五〇（昭和二五）年の時点で人口密度が一平方km あたり一〇〇人以下で、岩手県と並んで最低水準であった。可住地人口密度では二〇〇以下で、これは日本で最低である。それに対し、人口一人あたりの県民所得（県民所得／人口圧力指数）は東京都、神奈川県、愛知県、大阪府、兵庫県、福岡県に並んで九〇を超えていた。

当時は戦後復興の重要物資である石炭の増産に次ぐ増産で県民所得を押し上げた一方で、人口が少ないために、一人あたりの県民所得は高水準となった。しかし、現在の北海道の主産業である農業や牧畜業はまだ生産性が低く、明治期に栄えたニシン漁も下火になっていた。

地方の開発には、まず鉄道が先導役を担った。中央政府が人を送り込み、地方の物資を移出して地方の住民の生活を支えた。とくに陸上交通として鉄道が唯一の手段であった時代にはなおさらである。

政党政治の揺籃《ようらん》期だった大正期には、党勢拡大のために地方に鉄道が建設された。しかし、鉄道建設が次第に山間地や降雪地帯など気候の厳しい地方に移ると、難工事の連続で建設費が膨大になるにもかかわらず、多くの需要は見込めず、鉄道会計にとって負担となっていった。

戦後、国の特別会計であった国鉄は、公共企業体に移行すると独立採算が求められることになり、ローカル線の建設には消極的になっていった。ここで地方の開発という「国政」レベルの問題と、「国鉄」の経営の問題が対立することになった。

国鉄内部や政府のなかには地方のローカル線の建設に国費を投入すべきとの議論が見られるようになるが、戦後復興から高度経済成長期に入る時期で、道路や住宅などさまざまな社会資本が不足するなかで、国の財政状況も厳しかった。たまたま経済が急成長するなかで国鉄の経営が黒字化したため、国は国鉄に対する追加出資をせず、資産の再評価による含み益を計上して減価償却費の計上額を大きくし、設備投資の原資にあてた。

会計上は内部留保資金が増加するものの、実際には適切に運賃が引き上げられなければ投資資金を確保できないのであるが、しばしば物価安定のために引き上げが延期されたり、引き上げ幅が縮小されたりした。

ローカル線は国鉄の収支では赤字なのであるが、まだ地域経済にとっての重要性は引き続き大きかった。かつて鉄道は陸上交通の中心であり、大正時代から路線バスは運行されていたが、基本的に鉄道駅から先の末端の交通を担う役割を持っていた。

その時代には山間僻地《へきち》や山地に遮られて都市部への交通が不便な地域では、上級の学校に進学する場合には学校の寄宿舎か親類の家に世話にならなければならなかった。あるいは鉄道駅まで数十kmを歩いて通学したという話も聞く。新たに鉄道が開通することで家から通学することが可能になった。また、進学先の学校の選択肢が増えることで、いままで進学できなかった生徒に進学の途が開かれることも大きな効果であった。

たとえば、一九三四年に山田線の盛岡《もりおか》－宮古間が開業したが、計画された当時は政治家が「サルしか乗らない路線」として揶揄《やゆ》したことが伝えられている。しかし、実際に開業すると、列車が満員となるほどの利用があり、たんに交通が不便なために潜在需要になっていたことが証明された。

只見線は磐越西《ばんえつさい》線の会津若松《あいづわかまつ》と上越線の小出《こいで》のあいだの路線で、現在は水害で橋梁が流されて一部区間が運休している。福島県と新潟県を結んでいるが、一九七一（昭和四六）年までは途中の只見－大白川《おおしらかわ》間が分断されていた。会津若松－只見間は現在の会津鉄道である西若松－会津《あいづ》滝《たき》ノ原《はら》（現・会津《あいづ》高原《こうげん》尾瀬口《おぜぐち》）間とあわせて会津線と呼ばれていた。

未開通の部分は県境であるとともに生活圏が異なり、もともと交通流動が小さかった。また、山岳部に鉄道を建設するには工事が困難であるが、田子倉《たごくら》ダムの建設のために会津川口から専用線が設けられていたものを改良し、一九六三年に只見まで国鉄線として営業を行っていた。さらに、只見－大白川間を結ぶことには国鉄は消極的で、結局、日本鉄道建設公団が設立されてから建設が開始され、ようやく一九七一年八月二九日に開業した。

一九七〇年度の会津線（のちの只見線を含む）の旅客数は年間一九四万人であったが、一九七一年度は会津線と只見線を合わせると二二九万人で、前年度より一八％増。一九七四年度には二四二万人で、一九七〇年度に比べて二五％増加した。

只見線だけの旅客数では只見－大白川間の開業前後を含む一九七一年度が一五八万人であるのに対し、一九七四年度は一七二万人で、一九七一年度に比べて八％増加した。県境部分が開業することで、福島県側から小出に出て、上越線の特急で東京に向かう新しいルートが生まれたのである。

このような効果は一九八六年一〇月九日の野岩《やがん》鉄道の開業でも見られた。福島県の会津高原（現・会津高原尾瀬口）から栃木県の新藤原《しんふじわら》まで開業し、東京・浅草《あさくさ》とのあいだに直通電車が運転を開始した。従来は鉄道で東京に出るには会津若松、郡山《こおりやま》と大きく迂回《うかい》する必要があった。

栃木県方向には会津田島《あいづたじま》から鬼怒川《きぬがわ》温泉まで東武《とうぶ》鉄道の路線バスが結んでいたが、二時間半もかかるうえに運転本数が少なかった。なお、朝の鬼怒川方面と午後の会津方面の各二便だけ会津若松まで直通していた。

ローカル線建設を推進した日本鉄道建設公団法

戦後、地方の新線建設は国鉄の負担のみで行っていたが、これは結局、旅客が支払う運賃や料金の収入を原資にして行っていたのである。しかし、国鉄は幹線輸送力の増強や通勤混雑の緩和で手いっぱいの状況で、地方の新線建設にまで手が回らなかった。

車両費を除く新線建設費（この時点ではほとんどローカル線）は一九五二（昭和二七）年の二一億円から年々増加していたが、一九五九年の七六億円をピークに減少に転じた。東海道新幹線の建設が始まり、東京や大阪の国電（電車特定区間）の輸送力増強への投資も不足がちとなっていた。

実質的に政治が主導していた鉄道建設審議会でも、一九五二年七月に新線建設の財源について政府出資によるべきことを建議するが、これは国によって取り上げられることはなかった。国鉄が設立された際、国は現物出資をしただけで、現金での出資はなかった。国鉄の経営は、戦後復興から高度経済成長期の貨物輸送力の増強が急務となっていたにもかかわらず、国は国鉄に営業用資産の再評価によって帳簿の上で資本金を増強するだけであった。その後も国鉄はたびたび国に対して建設費として調達した資金に対する利子補給を要求することになる。

国がなかなかローカル線の建設費に対する支援策を講じないため、国鉄は一九六〇年三月に指宿《いぶすき》線（現・指宿枕崎《まくらざき》線）の山川《やまかわ》―西頴娃《にしえい》間の開通にあたって、実際のキロ程の一・六倍にあたる運賃キロ程を設定し、わずかな金額でしかなかったが、受益者が直接その建設費用を負担する措置を講じた。

しかし、これでは抜本的な解決策とはなりえなかった。国は一九六一年になってようやく新線建設補助特別措置法を制定し、新線建設に要した資金について、その利子額を補助することになる。一九六一年は三億円であったが、年々増加し、一九六四年には九億円に達した。それに応じて国鉄の新線建設費も再び増加していった。

一九六二年五月三一日に鉄道建設審議会は小委員会（田中角栄《たなかかくえい》小委員長）から「今後の

新線建設の進め方」の報告を受けた。その内容は、地方の産業基盤整備の遅れから産業の発達が既成地域に偏ることになっているとし、この不均衡を解消するために一九六三年度以降の一〇年間に約五〇〇〇億円の新線建設が必要になるというものであった。

この新線建設を推進する方式として、運輸省に新線建設特別会計を設けて政府の直轄事業として実施するケース、国鉄が政府からの出資を受けて工事を実施するケース、新たに新線建設にあたる公団を新設するケースの三案が提示された。

運輸省はこの三案を比較検討した結果、公団方式を採用することを決定し、鉄道網整備緊急措置法案と鉄道網整備公団法案をとりまとめて一九六三年二月二二日の第四三国会に「日本鉄道建設公団法案」として提出した。この法案は国と国鉄の出資によって設立した公団が新線を建設し、完成した施設を国鉄に貸付または譲渡することを規定していた。

これに対抗し、日本社会党（現・社会民主党）は鉄道新線建設緊急措置法案を提出するが、政府与党の公団法が国による出資について曖昧にしていたことから、これを明確に規定しようというものであった。

しかし、第四三国会では公団法は審議未了、第四四国会でも審議に付されずに廃案となった。第四六国会に三度《みたび》提出され、ようやく一九六四年二月二六日に可決された。

これに対して附帯決議が付されたが、新線建設によって国鉄の経営に資するよう努めること、国鉄から公団に転ずる職員の労働条件に配慮すること、国鉄の輸送改善施策に対して資金や要員を確保して労働条件の改善に特別の配慮を講ずることがその内容であった。法案の成立が遅れた原因は国鉄の経営状況と労働問題にあったことがうかがえる。一方、社会党が提出した法案は審議未了で廃案となった。

日本鉄道建設公団は一九六四年三月二三日に設立された。出資金は国が五億円で、国鉄は一三億四〇〇〇万円あまり（精算額）である。国鉄の出資額は一九六三年度予算の工事勘定に計上された建設費の額から、公団設立までに実際に支出した額を差し引いた金額とされた。国の出資額は産業投融資特別会計からのものである。また、国鉄からはこのほかに建設中路線に関連する一七一億九七〇〇万円あまりの現物出資があった。

地方では、かつて大正時代の立憲政友会のころから鉄道の建設を長年の宿願として活動を続けてきていた。高度経済成長期には重厚長大型の産業構造への転換を図る国の経済政策のもとで、大都市周辺の工業地帯に向けた労働力の供給地となり、都市部との経済格差が大きく拡大していった。地方を地盤とする政治家は当然の権利として地方におけるインフラ整備を要求した。

国鉄が不完全ながら公共企業体として採算性に配慮した投資計画を推進したことから、赤字必至の地方ローカル線の建設には一貫して慎重な態度をとった。そこで政治家は、むしろ国土開発や地方のインフラ整備といった視点から、採算性を考慮しないローカル線の建設推進のための枠組みとして日本鉄道建設公団を新設したのである。

あの人気路線にも建設中断危機があった

公団の設立にあたって、国鉄が建設中の工事線二九線と調査線二線が公団に承継されることとなり、一九六四（昭和三九）年三月二三日にそのうちの一六線の工事が運輸大臣から指示された。しかし、年度末間際のことであり、国鉄からの職員の異動も間に合わなかったため、実際には国鉄に工事を委託した。

建設指示があった路線は次のとおり、地方開発線および地方幹線（AB線）の一四路線と、主要幹線（C線）の二路線である（図表13）。

AB線の生橋《せいきよう》線は開業後に田沢湖《たざわこ》線となり、現在では秋田新幹線のルートとなっている。また、C線の狩勝《かりかち》線は根室本線や石勝線の一部として、札幌や新千歳空港と道東を結ぶ主要幹線として活躍している。その一方で、丸森《まるもり》線は国鉄改革のなかで建設が凍結され

	線路名称	区間	備考
AB線	1.開業に必要な設備工事を行っている線(5線)		
	美幸線	美深～仁宇布	1964年10月5日開業、1985年9月17日廃止
	白糠線	白糠～上茶路	1964年10月7日開業、1983年10月23日廃止
	辺富内線(富内線)	振内～日高(日高町)	1964年11月5日開業、1986年11月1日廃止
	生橋線	雫石～志度内(信号場)	1966年10月20日田沢湖線として開業
	能登線	松波～蛸島	1964年9月21日開業、1988年3月25日のと鉄道に転換、2005年4月1日廃止
	2.路盤工事を行っている線(7線)		
	名羽線	曙～上流	1962年12月25日曙～三毛別が開業、羽幌炭砿鉄道が1970年10月31日まで借用
	生橋線	志度内(信号場)～生保内(田沢湖)	1966年10月20日田沢湖線として開業
	嬬恋線	長野原～羽根尾	1971年3月7日吾妻線として開業
	神岡線	猪谷～釜崎(神岡)	1966年10月6日開業、1984年10月1日神岡鉄道に転換、2006年12月1日廃止
	窪江線	江川崎～半家	川奥信号場～打井川は未着工、1974年3月1日予土線として開業
	油須原線	漆生～油須原	豊前川崎付近のみ着工、1966年3月10日漆生～嘉穂信号場が漆生線として開業、上山田～豊前川崎が上山田線として開業、1986年4月1日漆生線廃止、1988年9月1日上山田線廃止
	国分線	国分～磯脇(大廻)	1972年9月9日大隅線として開業、1987年3月14日廃止
	3.用地買収を行っている線(3線)		
	興浜線	雄武～北見音標	未成線
	芦別線	芦別～石狩新城	未成線
	気仙沼線	前谷地～柳津	1968年10月24日開業、1977年12月11日気仙沼線に編入
C線	狩勝線	新得～小出	1966年9月30日上落合～新得が根室本線(線路付け替え)として開業、1981年10月1日占冠～上落合信号場が石勝線として開業
	丸森線	矢野目(信号場)～槻木	1968年4月1日槻木～丸森が丸森線として開業、1986年7月1日阿武隈急行に転換、1988年7月1日全線開業

図表13　日本鉄道建設公団に建設指示があった路線(1964年3月23日)
出典:『日本国有鉄道百年史』など各種資料より筆者作成

たあと、第三セクターの阿武隈《あぶくま》急行が引き受けることで建設を再開した。

続いて、公団の成立から一ヵ月以内に基本計画を定めることになっていたことから、一九六四年三月の第三九回鉄道建設審議会の答申にもとづいて、運輸大臣は公団の最初の基本計画を決定し、四月二二日に公団に対して指示が出された。国鉄から引き継いだ前記一六線を含む四七線が工事線に指定され、そのほかに海峡連絡線三路線など一九路線が調査線としてリストアップされた。

同年六月の第四〇回鉄道建設審議会答申を受けて、九月二八日に調査線一九線のうちの一五線を工事線に編入したほか、一線を削除。そのうえで新たに工事線二線を追加した。その結果、工事線は六四線まで増えることになったが、その一方で、調査線として残ったのは津軽海峡線、本四淡路《あわじ》線（未成線）、本四備讃線（通称は瀬戸大橋線）の三線のみとなった。

工事線に変更となった路線のうち、東京の外環状線を構成する小金《こがね》線（現・武蔵野《むさしの》線）、京葉《けいよう》線、大阪と北陸とを結ぶ湖西《こせい》線は国鉄が第三次長期計画を策定するにあたって、都市の路線網の拡充のために公団に整備を要請したものである。

東京と北陸とを短絡する北越北《ほくえつほく》線（現・北越急行ほくほく線）、札幌と道東を結ぶ幹線の

完成要望時期	線名	区間	備考
1966年度	落合線	落合～串内（信号場）	1981年10月1日石勝線として開業
	狩勝線	新得～串内（信号場）	
1971年度	武蔵野線	北小金～新鶴見（操車場）	1973年4月1日新松戸～府中本町が開業、1976年3月1日鶴見駅～新鶴見操車場～府中本町が開業（貨物線）
	京葉線	塩浜（川崎貨物）～品川ふ頭（東京貨物ターミナル）	1973年10月1日品川～東京貨物ターミナル～塩浜操車場が東海道本線として開業（貨物線）
	小金線	船橋～北小金	1978年10月2日西船橋～新松戸が武蔵野線として開業
	湖西線	山科～沓掛（信号場=廃止）	1974年7月20日山科～近江塩津が開業

図表14　調査線から工事線に変更された路線
出典：『日本国有鉄道百年史』など各種資料より筆者作成

一部となる落合《おちあい》線（現・根室本線、石勝線）、長崎本線の隘路《あいろ》区間をバイパスする浦上《うらかみ》線（現・長崎本線）、予讃本線（現・予讃線）の松山《まつやま》と宇和島との短絡ルートとなる内山《うちやま》線（現・予讃線）など、むしろ国鉄の幹線の輸送改善に資する路線が多い（図表14）。

工事線の多くはもともと需要が見込めないことで工事着手に踏み切れなかった路線が大半で、開業したものでも、のちに特定地方交通線に指定されて廃止、バス転換されたり、建設途中で工事が凍結されたりしたものが多かった。

国鉄が工事していたのは一六線にすぎなかったが、それが公団の設立によって、四月には四七線が工事線に指定され、さらに九月

新線の内訳	距離(km)	費用(億円)
大都市交通線	195	1,839
主要幹線	397	1,760
地方幹線・地方開発線	2,126	3,299
海峡連絡線	-	1,970

図表15　鉄道新線建設長期計画(1966年12月)
出典:『日本国有鉄道百年史』など各種資料より筆者作成

には政治主導で六四線にまで一気に膨らむことになったのである。

一九六四年六月の第四一回鉄道建設審議会以来、長期計画の策定の建議があり、一九六六年一二月には第四六回鉄道建設審議会で「鉄道新線建設長期計画」が提示された。一九六六年度から一〇ヵ年で建設費総額九七〇二億円に相当する新線の建設を行うという内容である。

大都市交通線については、東京や大阪の都市交通輸送の増強に資するため、一九七一年度までに東京外環状線(現・武蔵野線、京葉線)の大部分と湖西線の建設を完了すること。主要幹線はできるだけ早期に工事を完了すること。地方幹線および地方開発線は産業基盤の整備に資する路線や観光開発や資源開発を促進するために必要な路線を整備するとした。

海峡連絡線としては、津軽海峡トンネル(青函トンネル)を一九七五年度までに完成させ、本州・四国橋梁のうち一線を同年度までに完成するとした(図表15)。

これらの新線建設の進捗に応じて、今後、おおむね一三五〇㎞の新線について逐次工事に着手するとして、その建設費を八三四億円と見積もった。

同時に進められた廃止と建設

事業費の総額は管理費や利子を含めて一兆四二六七億円という大規模な投資計画である。しかし、同時期に国は地方ローカル線について赤字八三線を選定して廃止を進めようとしていたのである。

AB線は完成後に無償貸付され、建設資金には返済の必要のない無償資金のみが充当された。また、C線は大都市交通線(D線)とともに十分な輸送需要が見込めることから有償貸付または譲渡。海峡連絡線(E線)もまたCD線と同じく有償で貸付または譲渡の対象となった。

国鉄との協議の結果、一九六四(昭和三九)年一一月一一日に丸森線、小金線、武蔵野線、京葉線、根岸《ねぎし》線(磯子《いそご》-大船《おおふな》間)、岡多《おかた》線(現・愛知環状鉄道線)、瀬戸《せと》線(同前)、伊勢《いせ》線(現・伊勢鉄道線)、湖西線、浦上線、紅葉山《もみじやま》線(現・石勝線)、追分《おいわけ》線(同前)、狩勝線(現・根室本線、石勝線)、落合線(同前)の一四線区を有償線区と決定した。

ＡＢ線は一九六四年九月に生橋線の雫石《しずくいし》－赤渕《あかぶち》間を開業させて以降、一九七〇年四月までに能登《のと》線（のち、のと鉄道能登線）、辺富内《へとない》線（のち富内《とみうち》線）、生橋線、神岡《かみおか》線（のち神岡鉄道線）、篠栗《ささぐり》線、本郷《ほんごう》線（のち可部線）を全線開業し、美幸《びこう》線、白糠《しらぬか》線、油須原《ゆすばる》線、気仙沼線、盛《さかり》線（現・三陸鉄道南リアス線）の一部を開業した。また、ＣＤ線では一九六四年五月に根岸線の桜木町《さくらぎちょう》－磯子間を開業したあと、同じく一九七〇年四月までに落合線の全線、狩勝線の石勝線部分、丸森線の一部を開業させた。

公団法では完成後に有償貸付か譲渡または無償貸付することができるとされていたが、無償路線についてはその建設財源として借入金を投入するわけにはいかないことから、最初から有償線区か無償線区かを確定しておく必要があった。

根岸線は五月一九日に桜木町－磯子間が完成していたため、区間が指定してあった。桜木町－磯子間についてはほとんど国鉄が建設したものであるため、有償か無償かで議論があったが、最終的に有償で決着した。

ＡＢ線の建設費は一九六四年度が五五億円、一九六五年度が八三億円、一九六六年度が一一八億円、一九六七年度が一六四億円と急速に拡大した。ＡＢ線は無償線区であることから、それに対しては無償の資金が充当されることとなっており、国鉄は一九六五年度から一九六八年度のあいだ、毎年七五億円を出資金として支出した。

それに対し、国の出資額は一九六五年度はわずかに一〇億円にすぎず、一九六六年度には三五億円、一九六七年度と一九六八年度が八八億円と徐々に増額され、ここで国鉄の出資額を上回ることになった。一九六九年度以降は国の出資額が一〇〇億円、一一五億円、一七〇億円、三二四億円、五一六億円と推移するのに対し、国鉄の出資額は七〇億円、六五億円、五〇億円と減少し、一九七二年度以降は国鉄の財務状況の悪化を受けて出資は中止された。

貸付線については資産を保有する公団側に減価償却費が生ずることから、一九六五年七月に日本鉄道建設公団事業費補助金交付規則を制定し、一九六四年度以降の開業線区に対して国鉄は公団に減価償却費相当額を使用料として支払った。

これでは開業当初に貸付料の負担が過大となることから、一九六九年度から元利均等半年賦償還方式とした。償還期間は一九六九年度から一九七二年度までが二五年であったが、一九七三年度からは三〇年間に延長された。

国鉄改革で参考とされた海外の鉄道政策

イギリスでは道路運送の発達によって鉄道の旅客や貨物が大きく減少し、国鉄の経営は厳しさを増していった。経営の改善を図るには事業規模を適切な水準に縮小する必要が出てきた。実際に一九六〇年末から一九六四年までのあいだに二三七八マイルの路線が廃止された。

イギリスの国鉄はイギリス交通委員会（ＢＴＣ）の執行機関が運営していたが、一九六三年に独立してイギリス国鉄となった。その初代総裁に就任したリチャード・ビーチング博士は一九六九年の収支均衡を目指してビーチング・プランを策定した。

イギリスの鉄道は私鉄が競争して路線を伸ばしたため、並行路線が多いなど、過剰設備を抱えていた。その過剰設備を廃棄するほか、不採算路線を廃止、また駅を集約するという計画である。同時に収益部門を伸ばすため、旅客列車の高速化、コンテナ専用の高速列車（フレートライナー）を新設するなど、積極的な設備投資を計画した。

それに対し、フランスと西ドイツは鉄道への需要の誘導策を講じるなど、鉄道に傾斜した交通政策を推進していた。しかし、両国とも自動車運送への需要のシフトが続いて国鉄経営が厳しくなったが、鉄道は公共サービス義務を負っていて、簡単にはサービスを縮小できなかった。

道路運送事業者は道路の建設の費用を負担しないのに、国鉄は線路施設の整備費用のすべてを自前で建設して維持している。相互に競争関係にあるのに、鉄道にとって不利な条件が多く存在した（イコール・フッティング論）。

そこで、自動車に対する課税を強化するほか、西ドイツでは大型トラックの台数を割当制にするなど、道路運送の供給を制限した。そのうえで、鉄道が自動車と公正に競争できるように不採算サービスの縮小が計画された。

フランスは一九七〇年から再建計画が実施されたが、その中心となったのは一万kmにおよぶ旅客輸送の廃止である。西ドイツでは一九六七年にゲオルク・レーバー交通大臣が鉄道の再建策として、いわゆる「レーバー・プラン」を策定し、一九六九年から実施された。こちらも中心となったのは六五〇〇kmの路線の廃止と、八万二〇〇〇人の要員の削減であった。

このように、世界的に不採算のローカル線の廃止が進められていたが、日本の国鉄はこのような海外の事例を詳細に研究していた。

「赤字八三線」の選定

一九六四（昭和三九）年度に国鉄経営は赤字化し、一九六六年度には累積利益を取り崩してなお損失を後年度に繰り越すことになった。しかし、国鉄が黒字経営を続けていたのは昭和三〇年代の高度経済成長期のみで、昭和二〇年代は戦後復興に巨額の資金を投じて赤字経営を続けていた。一九六四年度から単年度で赤字化したものの、まだ国鉄内部には深刻な雰囲気はなく、大規模な設備投資で経営体質を黒字化できると考えていた。

国は一九六四年五月内閣に国鉄基本問題懇談会を設置し、一一月に運輸大臣に意見書が提出されたが、これにもとづいて、国鉄は一九六五年度を初年度とする第三次長期計画を策定した。国が後ろ盾になった初の長期計画となった。

巨額の設備投資によって幹線や都市路線の輸送力増強を進めるとともに、赤字の元凶として貨物をスクラップ・アンド・ビルドによって効率的なシステムに転換し、地方のローカル線を大規模に廃止してバスに転換するという内容であった。

しかし、モータリゼーションの進行によって陸上交通における鉄道の独占的な地位は崩れかけており、投資の財源を確保するために計画された運賃改定は見込みどおりの増収を上げることはできなかった。設備投資資金を借入金に頼った結果、国鉄の赤字は急速に拡大していった。

運輸省は一九六八年五月八日、臨時に国鉄財政再建推進会議を開催し、学識経験者やマスコミなどを集めて広く意見を交わすことになる。この会議に対し、同年九月四日に国鉄の内部組織である日本国有鉄道諮問委員会が「ローカル線の輸送をいかにするか」と題する意見書を提出した。

その前年の一〇月二六日の第四四回諮問委員会において小委員会の設置が決定し、国鉄内部で世界各国での鉄道の実情と政策について研究が開始され、意見書はその結果を土台にしてまとめられたものであった。

地方のローカル線の赤字が増加し、絶対額では幹線系路線の赤字額ほどではないものの、国鉄全体の赤字が国の大きな負担になっているなかで、利用率の低い路線を維持することは物理的に難しくなっていた。かねて費用削減策を講じてきたものの、大都市路線や新幹線の利益で穴埋めする内部補助で維持していた。

内部補助が正当化されるのは、その路線が運行を続けることによって発生する赤字が廃止した場合に比較して小さい場合のみである。これが同じならば、廃止した場合に国鉄全体の経営には影響はないが、運行を続けることによる赤字が大きいと国鉄全体の経営に影響する。この時点では赤字ローカル線のほとんどが内部補助を超える負担を行っており、廃止してよりコストの安い交通機関、具体的にはバスに転換すべきという考え方であった。

そこで、このような線区では鉄道に代わって自動車を活用するほうが国民経済的にも得策であると考え、輸送量をものさしとして鉄道と自動車の輸送分野の見当をつけることにした。その結果、一万三四〇〇km程度は鉄道の輸送分野、残りの七四〇〇kmの線区が自動車の輸送分野であるということになった。

輸送量はひとつの尺度にすぎないため、この七四〇〇kmの線区についてさらに具体的な基準を設けて線区ごとに調査し、当分のあいだ、国鉄の役割として引き続いて経営していかなければならない約四八〇〇kmの線区を選び出した。

残りの二六〇〇kmの線区については道路の整備が進み、自動車の性能も著しく向上しているため、自動車輸送に委ねることが適当であると判断した。過去の国鉄や私鉄の廃止の事例を検討し、自動車輸送に転換しても事後措置を講じることで地域の利便性はかえって増進されることも多いということが確認されたという。

運賃についても、国鉄は全国均一運賃制をとってきているため、ローカル線においては原価が割高な鉄道が、逆にバスより安い運賃となっているのが実情であり、道路の新設や維持については地元負担をともなうのが通例であるが、鉄道の場合は地元による負担がないのみならず、市町村納付金として地元の財源に貢献する制度になっているとした。

自動車交通が通路費を十分に負担していないのに対し、鉄道はすべての通路の経費を負担していて、競争関係にある自動車と鉄道が公正な競争基盤に立っていないことを問題点として指摘した。いわゆる「イコール・フッティング」の問題である。

ローカル線の輸送については自動車に委ねることが適当であるが、地元の実情から、それもすぐには難しいということになれば、採算可能な運賃を設定するとか、関係地方公共団体がその損失を負担するとか、一地域の損失をほかの地域にもちこむことがないような措置がとられるべきである。

今後の新線建設については、地方への利益誘導型の古い鉄道の建設から、新幹線のような経済社会の必要とする近代的な鉄道の建設に脱皮していってもらいたい、という内容である。

最終的に自動車輸送に転換すべき路線として八三線区が選定されたが、その選定基準は、①営業キロ（営業している路線の距離）が一〇〇㎞以下で、鉄道網全体から見た機能が低く、沿線人口が少ないこと、②定期客の片道輸送量が三〇〇〇人以内、貨物の一日発着六〇〇トン以内であること、③輸送量の伸びが競合輸送機関を下回り、旅客、貨物とも減少していることである。「赤字八三線」と呼ばれることが多いが、議事録には「赤字」の二文字が朱線で消されていた。

しかし、一九七二年七月に「日本列島改造論」を持論としていた田中角栄が総理大臣に就任すると、東京一極集中の是正と地方の均衡ある発展の実現のため、ローカル線の廃止の方針は事実上放棄された。

「特定地方交通線」の選定

一九七九（昭和五四）年一月二四日に運輸政策審議会国鉄地方線問題小委員会（一九七六年一〇月設置）は「ローカル線のあり方」についての報告書を提出した。

そのなかで、平均輸送密度が八〇〇〇人を下回る路線で大都市圏輸送、主要都市間輸送、大量定型貨物輸送を担当する路線を除く約九〇〇〇kmについて、バスに比べて鉄道のほうが相対的にコストの安い路線、混雑時の輸送需要が大きいなどバス輸送への転換が困難な路線を除く約二〇〇〇kmをバス輸送が適切な路線とした。これによって二万人の職員を削減し、年間一〇〇〇億円の赤字を減らせるとした。

国鉄は一九七九年七月二日に「国鉄再建の基本構想」を運輸大臣に提出した。過去四回にわたって破綻した再建計画と同様に不採算部門を大胆に縮小し、収益部門に大規模に投資して生産効率を高めようという内容である。ただ、決定的に違うのがローカル線の廃止を盛り込んだことであった。一九七九年一二月二九日に国鉄の基本構想がほぼそのままのかたちで「日本国有鉄道の再建について」として閣議決定を見た。

一九八〇年一二月に日本国有鉄道経営再建促進特別措置法が公布、施行となり、同法第四条にもとづき、国鉄は第四次となる「経営改善計画」を策定し、一九八一年五月二一日に運輸大臣の承認を受けた。同法は第八条で地方交通線の選定、第九条から一七条で特定地方交通線と地方交通線の民間譲渡、建設中路線の扱いが規定され、全二六条のうち一〇条をローカル線の処理にあてていた。翌年三月に同法施行令が公布され、計画が動き出すことになる。

日本国有鉄道経営再建促進特別措置法は一九八五年度の収支均衡を目指した経営改善計画の策定を命じ、運輸大臣の承認を求めた。同法によって国鉄は毎年度実施状況を監査委員会の意見書を添えて報告することが要求された。

収支均衡が困難なローカル線について、まず政令で定めた基準に該当する路線(地方交通線）を選定。続いて、そのなかでバス転換することがふさわしい路線を選定し、運輸大臣の承認を得て、関係する地方自治体に通知することが求められた。これが特定地方交通線で、選定されたならば、その廃止予定日と、国と国鉄が特定地方交通線対策協議会を組織し、その最初の会議の期日を定めることが要求された。

これとは別に、地方交通線を鉄道事業者に貸付あるいは譲渡することができるとし、運輸大臣の認可を受ける必要があるが、認可されたら鉄道事業者は地方鉄道法の免許を受けたとみなされた。

日本鉄道建設公団が建設している地方新線は、バスで輸送することが適当と判断された路線については鉄道事業者に免許を交付できるとし、鉄道施設を鉄道事業者に貸付あるいは譲渡できるという規定を設けた。

同法には、特定地方交通線対策協議会を開始した日から二年以内に協議が整わないと認められる場合には、国鉄は対象路線の廃止とバス転換を行うことができるという、いわゆる「見切り発車条項」が設けられていた。

転換路線に対し、営業キロ一kmあたり三〇〇〇万円を上限とする転換交付金が地元市町村に交付されるほか、転換後五年間の赤字について、バス転換は全額、鉄道での転換は半額を事業者に対して補填することになる。

かくして、一九八一年九月に運輸大臣から第一次特定地方交通線四〇線が承認され、以後、第三次まで八三路線が選定され、一部が第三セクター鉄道に引き継がれたほか、バスに転換された（図表16、図表17）。

建設された工事線、凍結された工事線

公団がＡＢ線（地方幹線・地方開発線）として指示された工事線は五〇線であったが、そのうち全線を開業した一三線を除いた三七線が工事中であった。これらについても、国鉄の経営改善計画の趣旨に沿って、特定地方交通線の基準に該当する路線の工事を凍結することになった。このうち、凍結対象から除外されたのは、わずかに鹿島《かしま》線（現・鹿島臨海鉄道大洗《おおあらい》鹿島線）と内山線の二線だけであった。

この措置には国鉄以外の鉄道事業者が運営を申し出た場合、運輸大臣は公団に対して工事実施計画の指示をすることができるという例外規定が用意されており、この規定を適用し、野岩線、久慈《くじ》線（現・三陸鉄道北リアス線）、盛線、宮福《みやふく》線（現・京都丹後《たんご》鉄道宮福線）、鹿島線、北越北線、丸森線、鷹角《ようかく》線（現・秋田内陸縦貫鉄道秋田内陸線）、樽見《たるみ》線（現・樽見

時期	廃止承認年月日	路線数	距離（km）	線路名称
第1次	1981年9月18日	40	729.1	相生線、赤谷線、明知線、甘木線、岩内線、魚沼線、大畑線、角館線、香月線、勝田線、神岡線、木原線、久慈線、倉吉線、黒石線、興浜南線、興浜北線、小松島線、盛線、信楽線、清水港線、渚滑線、白糠線、添田線、高砂線、高森線、樽見線、妻線、日中線、美幸線、北条線、丸森線、万字線、三木線、宮古線、宮原線、室木線、矢島線、矢部線、若桜線
第2次	1984年6月22日	27	1540.4	会津線、足尾線、阿仁合線、伊勢線、胆振線、歌志内線、漆生線、越美南線、大隅線、上山田線、岩日線、佐賀線、志布志線、士幌線、瀬棚線、高千穂線、富内線、羽幌線、広尾線、二俣線、幌内線、松浦線、松前線、宮之城線、真岡線、山野線、湧網線
	1985年8月2日	4	548.8	標津線、池北線、天北線、名寄本線
第3次	1986年5月27日	3	124.0	岡多線、中村線、能登線
	1986年10月28日	1	30.6	長井線
	1987年2月3日	8	184.3	伊田線、糸田線、鍛冶屋線、大社線、田川線、宮田線、宮津線、湯前線

図表16　特定地方交通線
出典：『日本国有鉄道監査報告書』など各種資料より筆者作成

鉄道樽見線）、智頭《ちず》線（現・智頭急行智頭線）、宿毛《すくも》線（現・土佐《とさ》くろしお鉄道宿毛線）のAB線一一線区と、CD線として岡多線、瀬戸線の二線が第三セクター鉄道として工事が再開された。

　鹿島線は国鉄新線として工事が継続して実施されていたが、一九八四（昭和五九）年に茨城県の意向を確認のうえ、開業後は第三セクターの鹿島臨海鉄道が運営するということで工事が進められた。

　国鉄の分割民営化以後も

［幹線］

		線名	営業キロ(期末)（キロ）	損益（千円）	営業係数（%）
い	1	五日市線	11.1	△ 809,655	189
	2	伊東線	16.9	△ 937,396	130
う	3	羽越本線	274.4	△ 24,005,175	263
	4	内房線	119.4	△ 1,274,135	110
	5	宇野線	32.9	△ 3,105,036	206
	6	宇部線	35.4	△ 3,338,359	298
お	7	奥羽本線	499.4	△ 49,822,299	271
	8	青梅線	37.2	△ 3,025,678	138
	9	大阪環状線	24.8	4,365,037	87
か	10	鹿児島本線	408.2	△ 70,685,961	224
	11	片町線	74.9	△ 5,933,809	172
	12	川越線	30.6	△ 2,616,239	184
	13	関西本線	191.1	△ 24,510,768	241
き	14	紀勢本線	384.2	△ 19,767,022	203
く	15	草津線	36.7	△ 1,755,409	241
	16	呉線	87.0	△ 3,927,045	176
け	17	京葉線	22.4	△ 9,291,552	554
こ	18	高徳本線	74.8	△ 4,634,994	303
	19	湖西線	74.1	△ 740,623	105
	20	御殿場線	60.2	△ 3,571,536	296
さ	21	相模線	33.3	△ 2,868,124	303
	22	桜島線	4.0	△ 2,690,990	432
	23	篠栗線	25.1	△ 1,230,562	243
	24	佐世保線	48.8	△ 5,189,302	322
	25	山陰本線	677.6	△ 56,709,988	290
	26	山陽本線	537.7	△ 95,743,739	193
し	27	塩釜線	6.8	△ 385,365	915
	28	篠ノ井線	67.4	△ 6,564,622	174
	29	上越線	162.6	△ 19,351,239	318
	30	常磐線	352.2	11,812,127	90
	31	信越本線	343.4	△ 36,820,461	177
	32	新幹線(東海)(東京~博多)	1,198.2	534,844,808	46
	33	新幹線(東北)(上野~盛岡)	531.7	△ 144,947,458	166
	34	新幹線(上越)(大宮~新潟)	303.6	△ 110,052,957	231
	35	新湊線	3.6	△ 220,784	781
せ	36	石勝線	149.3	△ 8,611,947	231
	37	仙山線	58.0	△ 2,601,045	247
	38	仙石線	55.0	△ 3,236,811	157
そ	39	総武本線	145.4	26,804,942	74
	40	外房線	93.3	△ 1,939,164	115
た	41	高崎線	74.7	3,628,597	91
ち	42	筑肥線	75.7	△ 4,986,289	285
	43	千歳線	60.2	△ 5,171,610	150
	44	中央本線	424.6	6,884,141	96
つ	45	鶴見線	9.7	△ 3,788,335	413
と	46	東海道本線	762.3	△ 112,173,244	131
	47	東北本線	776.8	△ 99,899,270	151
	48	土讃本線	198.7	△ 10,502,879	274

（注）1.収入、経費及び損益は、経営活動に関して経常的に発生する収入、経費及び損益である。

2.営業係数＝$\frac{経常的経費}{経常的収入}\times 100$

図表17　昭和61年度 国鉄全路線の線区別経営成績

出典：日本国有鉄道清算事業団「昭和61年度 日本国有鉄道の決算について」

編集部注：アミカケは特定地方交通線。営業キロが0の路線は国鉄時代に廃止。

		線名	営業キロ（期末）（キロ）	損益（千円）	営業係数（%）
な	49	長崎本線	148.8	△ 11,293,700	186
	50	奈良線	34.7	△ 2,376,256	249
	51	成田線	108.3	△ 5,102,270	187
	52	南武線	60.4	2,092,811	90
に	53	日豊本線	470.7	△ 35,362,374	219
ね	54	根岸線	22.1	3,269,366	80
	55	根室本線	450.6	△ 33,310,870	496
は	56	白新線	37.4	△ 3,939,809	248
	57	伯備線	138.4	△ 11,995,637	287
	58	函館本線	465.7	△ 77,021,282	319
	59	磐越西線	176.3	△ 12,194,903	385
	60	阪和線	63.0	△ 5,720,045	124
ふ	61	福知山線	106.5	△ 9,285,828	224
ほ	62	北陸本線	356.6	△ 26,384,576	139
み	63	水戸線	50.2	△ 2,059,968	187
	64	美祢線	48.8	△ 2,620,099	298
む	65	武蔵野線	129.0	△ 15,569,512	174
	66	室蘭本線	217.4	△ 26,873,283	292
や	67	山手線	26.1	53,443,823	46
よ	68	横須賀線	23.9	△ 4,002,853	164
	69	横浜線	42.6	6,534,284	69
	70	予讃本線	326.9	△ 18,567,265	221
り	71	両毛線	84.4	△ 4,809,078	198

［地方交通線］

		線名	営業キロ（期末）（キロ）	損益（千円）	営業係数（%）
あ	1	会津線	57.4	△ 1,503,764	389
	2	吾妻線	55.6	△ 1,680,941	241
	3	赤穂線	57.4	△ 3,283,458	379
	4	足尾線	46.0	△ 1,765,008	596
	5	左沢線	26.2	△ 1,104,779	388
	6	阿仁合線	.0	△ 905,098	874
い	7	飯田線	195.8	△ 14,505,133	529
	8	飯山線	96.7	△ 4,583,370	765
	9	石巻線	44.9	△ 2,476,985	399
	10	伊勢線	.0	△ 935,622	402
	11	伊田線	16.2	△ 1,728,039	393
	12	糸田線	6.9	△ 419,582	1404
	13	指宿枕崎線	87.9	△ 4,774,402	454
	14	胆振線	.0	△ 1,296,928	1448
	15	岩泉線	38.4	△ 504,038	906
	16	因美線	70.8	△ 3,365,314	448
う	17	歌志内線	14.5	△ 430,105	350
	18	内子線	5.3	△ 73,490	147
え	19	江差線	79.9	△ 3,855,635	736
	20	越後線	83.8	△ 5,454,985	340
	21	越美南線	.0	△ 1,749,540	854
	22	越美北線	53.3	△ 829,062	493
お	23	大糸線	105.4	△ 6,141,919	301
	24	大隅線	.0	△ 2,075,866	1051
	25	大船渡線	105.7	△ 4,034,322	500
	26	大湊線	58.4	△ 1,151,215	409
	27	大村線	47.6	△ 1,886,999	342
	28	岡多線	19.5	△ 1,600,213	648
	29	男鹿線	28.4	△ 1,963,194	406

		線名	営業キロ（期末）（キロ）	損益（千円）	営業係数（%）
お	30	小野田線	13.9	△823,970	842
	31	小浜線	84.3	△3,857,129	400
か	32	角館線	.0	△54,965	655
	33	加古川線	48.5	△3,102,955	638
	34	香椎線	25.4	△1,309,502	506
	35	鹿島線	17.4	△843,479	282
	36	鍛冶屋線	13.2	△962,471	1432
	37	可部線	60.2	△3,182,719	531
	38	釜石線	90.2	△3,366,240	391
	39	上山田線	25.9	△1,292,401	1812
	40	烏山線	20.4	△997,776	515
	41	唐津線	42.5	△2,515,950	492
	42	岩徳線	43.7	△1,634,015	390
	43	岩日線	32.7	△529,991	609
き	44	姫新線	158.1	△8,155,907	592
	45	木次線	81.9	△2,573,464	958
	46	北上線	61.1	△2,744,974	500
	47	吉都線	61.6	△2,261,070	620
	48	木原線	26.9	△766,403	594
	49	吉備線	20.4	△1,333,335	408
	50	久大本線	141.5	△6,010,523	336
く	51	久留里線	32.2	△1,249,568	447
け	52	芸備線	159.1	△7,800,021	441
	53	気仙沼線	72.8	△1,290,706	440
こ	54	小海線	78.9	△3,770,517	540
	55	後藤寺線	13.3	△928,123	1003
	56	五能線	147.2	△4,712,204	555
さ	57	佐賀線	.0	△793,697	575
	58	境線	17.9	△1,655,158	780
	59	桜井線	29.4	△1,954,818	303
	60	札沼線	76.5	△3,582,400	577
	61	参宮線	29.1	△2,061,100	617
	62	三江線	108.1	△2,434,023	1237
し	63	信楽線	14.8	△341,572	584
	64	志布志線	.0	△1,076,141	586
	65	標津線	116.9	△2,253,547	1449
	66	士幌線	.0	△1,447,905	1233
	67	城端線	29.9	△1,724,672	416
	68	深名線	121.8	△2,184,672	2910
す	69	水郡線	147.0	△6,013,342	464
せ	70	石北本線	234.0	△14,769,955	416
	71	瀬棚線	.0	△1,058,561	876
	72	釧網本線	166.2	△6,330,207	688
そ	73	宗谷本線	259.4	△19,260,992	736
た	74	大社線	7.5	△439,821	753
	75	太多線	17.8	△1,466,617	493
	76	高千穂線	50.1	△834,795	525
	77	高山本線	225.8	△12,631,132	246
	78	田川線	26.3	△1,837,901	534
	79	武豊線	19.3	△1,644,010	487
	80	田沢湖線	75.6	△4,130,430	308
	81	只見線	135.2	△4,161,415	872
ち	82	筑豊本線	66.1	△10,007,276	625
	83	池北線	140.0	△4,094,472	1160
つ	84	津軽線	55.8	△2,259,573	465
	85	津山線	58.7	△2,958,631	326

		線名	営業キロ(期末) (キロ)	損益 (千円)	営業係数 (%)
て	86	天北線	148.9	△ 3,058,112	936
と	87	東金線	13.8	△ 554,445	236
	88	徳島本線	68.9	△ 2,705,123	251
	89	富内線	.0	△ 921,545	1635
	90	富山港線	8.0	△ 987,891	517
な	91	長井線	30.6	△ 1,060,782	764
	92	中村線	43.4	△ 690,000	228
	93	七尾線	107.9	△ 5,309,465	284
	94	名寄本線	143.0	△ 5,183,007	1568
	95	鳴門線	8.5	△ 289,944	394
に	96	日南線	89.0	△ 2,966,267	564
	97	日光線	40.5	△ 1,700,889	285
の	98	能登線	61.1	△ 1,840,454	507
は	99	八高線	92.0	△ 5,711,954	276
	100	八戸線	64.9	△ 4,294,866	520
	101	花輪線	106.9	△ 2,830,131	314
	102	羽幌線	.0	△ 3,324,029	1331
	103	磐越東線	85.6	△ 3,593,414	377
	104	播但線	65.7	△ 6,338,871	343
ひ	105	肥薩線	124.2	△ 5,006,906	557
	106	日高本線	146.5	△ 4,665,658	859
	107	日田彦山線	68.7	△ 4,874,258	584
	108	氷見線	16.5	△ 2,130,455	562
	109	広尾線	.0	△ 1,452,765	458
ふ	110	福塩線	79.4	△ 3,424,412	391
	111	二俣線	.0	△ 2,160,852	891
	112	富良野線	54.8	△ 3,049,305	640
ほ	113	豊肥本線	148.0	△ 5,986,822	363
	114	幌内線	20.8	△ 979,881	671
ま	115	舞鶴線	26.4	△ 2,142,326	325
	116	松浦線	93.9	△ 3,336,034	760
	117	松前線	50.8	△ 1,374,091	751
	118	丸森線	.0	△ 293,952	1726
み	119	三角線	25.6	△ 733,031	352
	120	身延線	88.4	△ 6,281,015	355
	121	宮田線	5.3	△ 244,508	1803
	122	宮津線	84.0	△ 2,942,196	364
	123	宮之城線	.0	△ 1,522,567	1573
む	124	牟岐線	79.3	△ 2,476,292	317
め	125	名松線	43.5	△ 806,366	635
も	126	真岡線	42.0	△ 875,205	401
や	127	弥彦線	17.4	△ 940,393	276
	128	山口線	93.9	△ 5,593,818	436
	129	山田線	157.5	△ 5,264,286	563
	130	山野線	55.7	△ 1,430,008	1184
ゆ	131	湧網線	.0	△ 1,474,958	2130
	132	湯前線	24.9	△ 817,562	520
よ	133	予土線	76.3	△ 1,089,484	547
	134	米坂線	90.7	△ 2,579,976	400
り	135	陸羽西線	43.0	△ 1,378,106	346
	136	陸羽東線	94.1	△ 3,810,331	346
る	137	留萌本線	66.8	△ 4,145,080	915
わ	138	若桜線	19.2	△ 587,091	682
	139	和歌山線	87.9	△ 5,360,366	325

いったん工事が凍結されていた井原《いばら》線（現・井原鉄道井原線）など三路線の工事が再開され、そのほかの路線についても第三セクターが経営を引き受ける場合は工事が進められた（図表18）。

一九八七年四月一日、国鉄は分割民営化され、鉄道事業者としては六つの旅客会社とひとつの貨物会社に生まれ変わった。国鉄に対してはAB線を無償貸付、CD線と上越新幹線を有償貸付していたが、そのうち上越新幹線は債務と合わせて新幹線鉄道保有機構に引き継ぎ、無償貸付線については運営するJR各社に承継された。

特定地方交通線を転換した第三セクター路線や、第三セクターが経営する地方鉄道新線については国鉄清算事業団に移管のうえ、第三セクターに無償譲渡あるいは貸与された。有償路線のうち、本州三社の路線については、公団が保有して貸付料を引き続き徴収するが、北海道と九州の路線については、貸付料の負担を回避するため、それぞれJR北海道とJR九州が保有することとした。

北海道と九州の有償貸付線と第三セクターへの転換路線の国鉄債務は国鉄清算事業団が承継した。成田《なりた》新幹線（未成線）や京葉線の一部区間など、建設凍結線の施設は債務とともに国鉄清算事業団に帰属することになった。

開業年月日	線路名称	区分	区間	距離(km)	運営会社	現在の路線名
1984年4月1日	久慈線	B線	田老～普代	32.2	三陸鉄道	北リアス線
	盛線		吉浜～釜石	15.0		南リアス線
1985年3月14日	鹿島線		北鹿島(鹿島サッカースタジアム)～水戸	53.0	鹿島臨海鉄道	大洗鹿島線
1986年10月9日	野岩線		新藤原～会津高原(会津高原尾瀬口)	30.7	野岩鉄道	会津鬼怒川線
1988年1月31日	岡多線	C線	新豊田～瀬戸市	19.6	愛知環状鉄道	愛知環状鉄道線
	瀬戸線	CD線	瀬戸市～高蔵寺	6.2		
1988年7月1日	丸森線	C→A線	福島～丸森	37.5	阿武隈急行	阿武隈急行線
1988年7月16日	宮福線	A線	宮津～福知山	30.4	宮福鉄道→北近畿タンゴ鉄道→京都丹後鉄道	宮福線
1989年3月25日	樽見線		神海～樽見	10.9	樽見鉄道	樽見線
1989年4月1日	鷹角線		比立内～松葉	29.0	秋田内陸縦貫鉄道	秋田内陸線
1992年3月26日	阿佐線		海部～甲浦	8.5	阿佐海岸鉄道	阿佐東線
1994年12月3日	智頭線	B線	上郡～智頭	56.1	智頭急行	智頭線
1997年3月22日	北越北線		六日町～犀潟	59.5	北越急行	ほくほく線
1997年10月1日	宿毛線	A線	宿毛～中村	23.6	土佐くろしお鉄道	宿毛線
1999年1月11日	井原線		総社～神辺	41.7	井原鉄道	井原線
2002年7月1日	阿佐線		後免～奈半利	42.7	土佐くろしお鉄道	阿佐線

図表18　第三セクターに継承された地方新線
出典:『数字でみる鉄道』ほか各種資料より筆者作成

第四章　国鉄時代の北海道の鉄道

数字で見る北海道特有の事情

戦後の一九五〇（昭和二五）年に北海道開発法が公布され、総理府（現・内閣府）のもとに北海道開発庁が設置された。開発事業が各省庁に分かれるため、北海道の特殊性から、開発行政を一元化した官庁を設置したのである。

もともと内務省の出先機関として北海道庁が存在したが、一九四七年末に内務省が廃止されたのにともない、それ以降は普通地方自治体の北海道庁が設置された。旧北海道庁が担っていた国の北海道行政を実施する現業機関としての機能は、北海道開発庁のもとの現業機関として、札幌市に北海道開発局が設置された。

北海道の人口は、まだ炭鉱が操業していた一九七〇年は五一八万人であった。順調に増加が続き、一九九〇年には五六四万人となったが、その後は減少に転じた。全国的には人口の増加率が低下した時期で、地方部では人口の流出が社会問題となっていた時期である。

札幌市は一九七〇年に人口一〇〇万人を超え、一〇年後の一九八〇年には一四〇万人と、一九七〇年に比べて三八・八％と大きく人口が増加した。その後は増加率が低下するが、二〇一〇（平成二二）年には一九一万人と、二〇〇万人に近づいた。なお、二〇一五年の国勢調査でも、まだ二〇〇万人は超えていない。

札幌市の北海道全体の人口に占める比率は一九七〇年の一九・五％から二〇一〇年の三四・八％まで一貫して上昇している。とくに二〇〇〇年からは全道の人口が減少するなかで札幌市の比率は上昇しており、その分、農村部の人口の都市集中が加速したことが想像できる。

北海道の県（道）民所得は名目値であるため、その推移を眺めても意味がない。そこで全国の県民所得の総計（国内総生産相当）の比率を見ると、炭鉱の生産が続いていた一九七〇年には三・五％であるが、その一〇年後は二・三％に大きく低下した。しかし、一九九〇年には三・八％に再び上昇し、その後も三％後半で安定している。

この間に第一次産業の比率は二一・一％から一〇・九％に半減し、それに対して第三次産業は五二・三％から六五・一％に上昇した。一九九〇年における全国の第三次産業の比率五八・七％に比べても大きい。その背景には北海道の観光産業の需要の増加がある。「北海道観光産業経済効果調査」の第一回一九八八年一〇月～一九八九年九月では観光消費額が八六〇八億円であったのが、第五回二〇〇九年七月～二〇一〇年六月では一兆二九九二億円に増加した。

とくにインバウンド観光客の増加が多く、一九九七年には一二万人にすぎなかったのが、二〇〇七年には七一万人にまで増加した。一九九七年の来道観光客の総数は五九六万人、二〇〇七年は六四九万人である。二〇一六年度の来道観光客数が七八四万人であるのに対し、インバウンド観光客は二〇八万人に達している。すなわち、来道観光客増加分はすべてがインバウンド観光客ということになる。

数字で見る北海道の鉄道

北海道の国鉄・ＪＲの旅客数は、一九七三（昭和四八）年度の八〇〇八万人から、ＪＲが発足した一九八七年度には九六四一万人、さらに一九九五（平成七）年度には一億二九三九万人に増加した。その後は徐々に減少するが、二〇〇一年度を底に再び増加に転じた。そして二〇一一年度は一億二八九二万人である。

人キロ（旅客の人数×その旅客を輸送した距離）では、一九七三年度は三三億八七七五万人キロ、一九八七年度は三九億一九五八万人キロ、一九九五年度は四七億二一九六万人キロ、二〇一一年度は四二億三六九八万人キロである。人キロでは一九九二年度をピークに減少を続けており、バブル崩壊以後の観光客の減少が続いているものと思われる（図表19－1）。

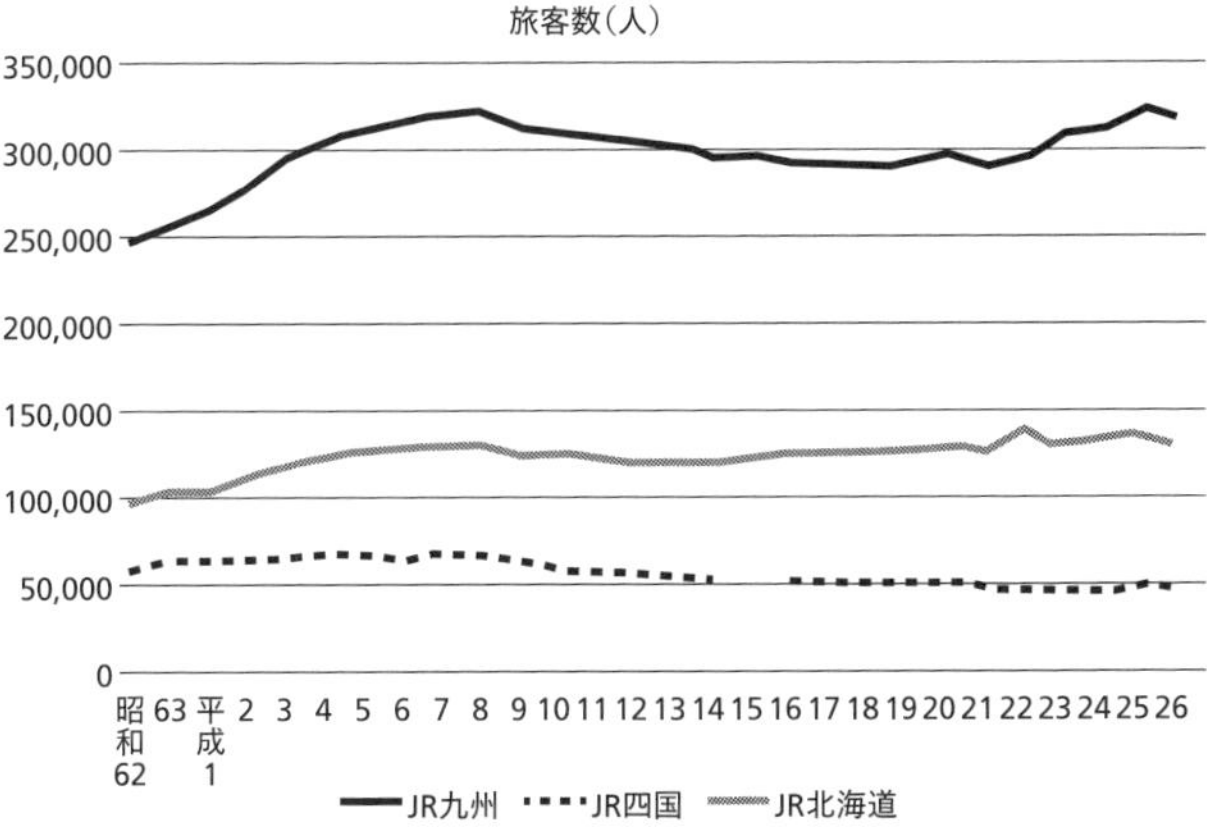

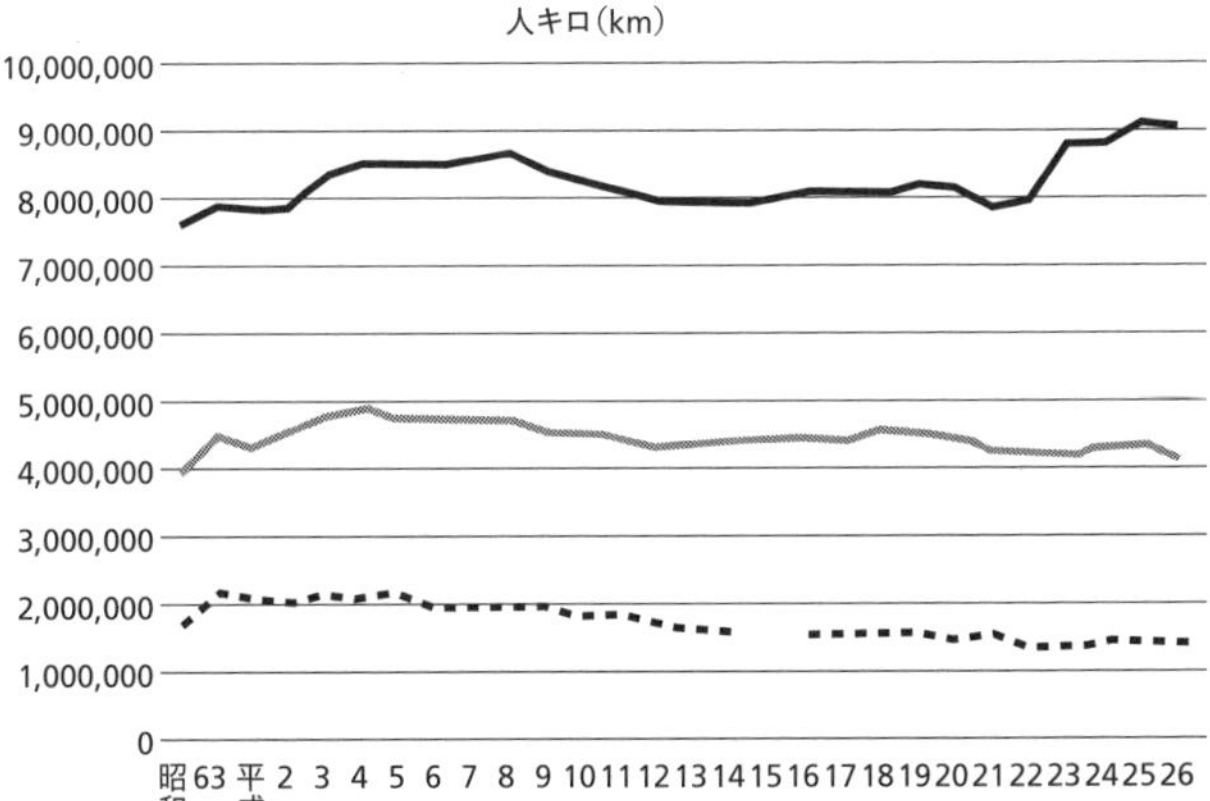

図表19-1　JR三島会社の旅客数、人キロ
*不自然なデータは削除
出典:『鉄道統計年報』ほか各種資料より筆者作成

列車キロ（営業キロ×列車回数）は一九七三年度は三四六二万km（荷物列車を除く）、一九八七年度は三三七九万km、一九九五年度は三七四三km、二〇一一年度は三五五〇万km、車両キロ（駅間の通過車両数×駅間の距離）は一九七三年は旅客車が一億六六一八万km、客車牽引《けんいん》の機関車が五四六万kmの計一億七一六四万km、JR発足後は一九八七年が一億一六一一万km、一九九五年度が一億五二二三万km、二〇一一年度が一億三八八七万kmである。

旅客営業キロが一九七三年度の三九〇一kmから一九八七年には三一九三kmまで減少しているため、営業キロあたりの列車kmは一九七三年度の八八七五kmに対し、一九八七年度には一万五八二kmに増加、車両キロでは一九七三年度が四万三九九九km、一九八七年度が三万六三六四kmと小さくなっている。電車や気動車化による機関車の走行キロの減少や短編成化が進んだことが確認できる（図表19－2）。

一九七三年度の国鉄路線の軌道延長は二万八九七・八km（営業キロ二万一〇三五・六km）で、そのうち複線以上の路線の比率は二四・九％である。それに対し、北海道は軌道延長三九二三・九km（営業キロ三九三一・六km）のうち、複線の比率は一二・二％で、全国の半分にすぎなかった。

電化路線の比率は全国（新幹線を除く）が四四・五％であるのに対し、北海道は函館本

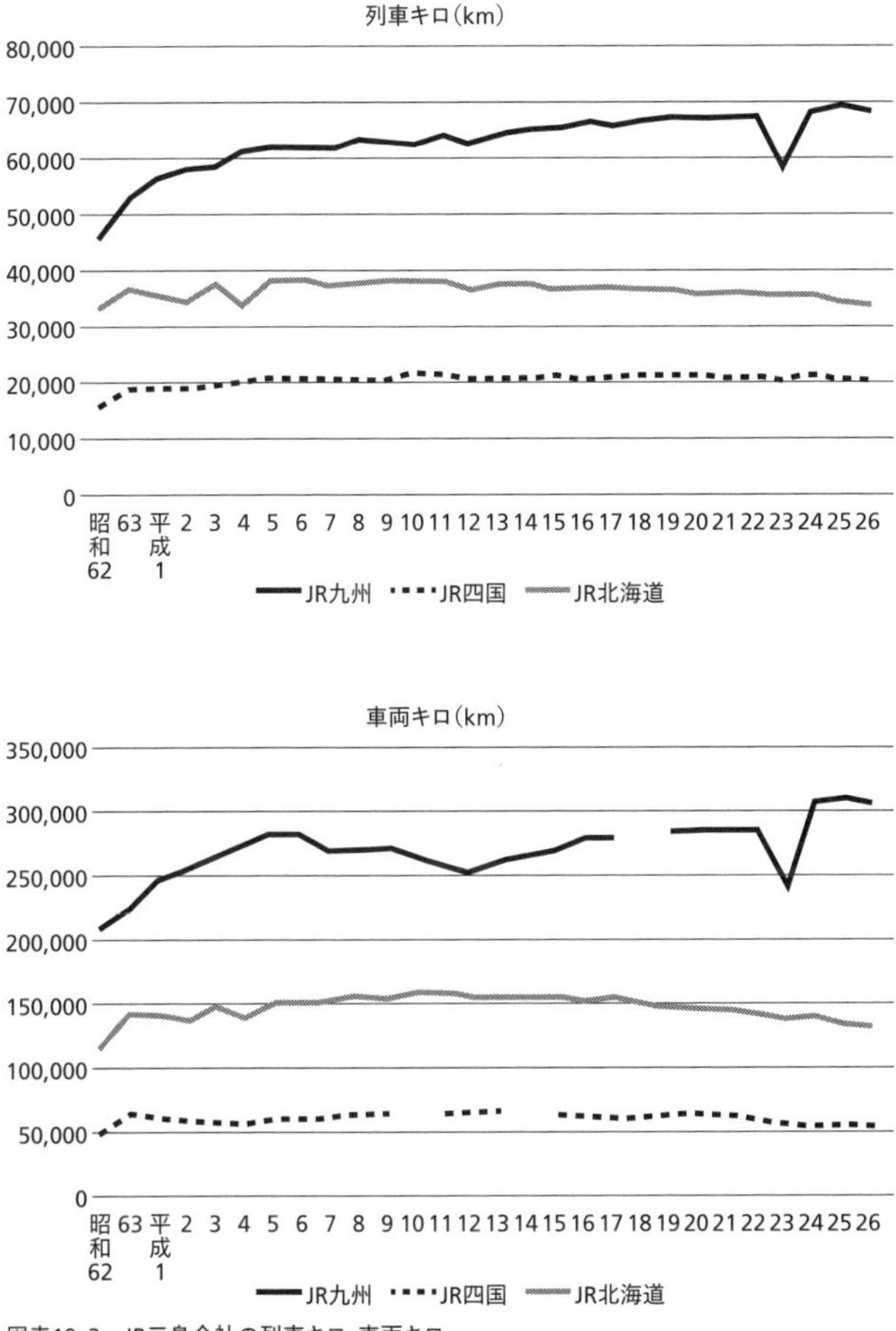

図表19-2　JR三島会社の列車キロ、車両キロ

*不自然なデータは削除

出典：『鉄道統計年報』ほか各種資料より筆者作成

線の小樽‐旭川間の一七〇・六kmだけで、電化率はわずかに四・三％であった。当時は本州以外では鹿児島本線の門司港《もじこう》‐荒木《あらき》間が電化しただけで、四国にいたっては電化路線は皆無であった。

一九六四年一〇月に東海道新幹線が開業したことから、一九六五年度に始まった国鉄第三次長期計画では、地方路線についても輸送改善の投資が増加し、各地で複線化や電化が進められたが、北海道、四国、九州ではもともとの整備率が低かったのに加え、投資の中心が貨物輸送の効率化と大都市路線の線路増設に重点を置いていたため、本州との格差は拡大していった（図表20）。

北海道では本州にはあまりなかった仮駅（仮乗降場）が各地に見られた。本社の許可を得ていないため「仮」なのであるが、本社公認の仮駅もあったという。線路の脇に廃枕木でつくられた短い簡単なホームが設置されていた。

北海道は人口密度が低いため、ある程度の集落でないと駅が設けられなかったが、それでも沿線に人が住んでいないわけではないため、鉄道が唯一の交通機関である時代には柔軟に仮駅が設置された。

いまや大都市圏の駅で特急も一部停車する総武《そうぶ》本線の都賀《つが》駅も信号場だった時代に一五

線路名称	年月日	区間	変更
函館本線	1964年10月1日	深川〜納内	複線化
	1965年8月12日	小樽〜南小樽	
	1965年9月25日	札幌〜苗穂	3線化
	1965年9月27日	中ノ沢〜長万部	複線化
	1966年9月24日	江部乙〜妹背牛	
		妹背牛〜深川	
		山越〜八雲	
		山崎〜黒岩	
	1966年9月27日	滝川〜江部乙	
	1966年9月28日	国縫〜函館起点105.911km	
	1966年9月30日	七飯〜大沼(軍川)	
	1966年12月25日	函館起点105.911km〜中ノ沢	
	1968年9月21日	落部〜野田生(野田道)	
	1968年9月28日	近文〜旭川	
	1969年8月28日	野田生〜山越	
	1969年9月30日	納内〜近文	線路付け替え
	1970年9月25日	北豊津〜国縫	複線化
	1971年9月21日	桂川〜石谷	
	1973年9月10日	北広島〜苗穂	線路付け替え
		東札幌〜月寒(旧千歳線)	貨物支線化＊1
	1974年10月31日	本石倉〜石倉	複線化
	1979年9月27日	森〜桂川	
	1984年11月19日	八雲〜鷲ノ巣	
千歳線	1965年9月22日	恵庭〜千歳	
	1966年9月7日	北広島〜恵庭	
	1968年8月23日	美々〜植苗	
	1968年11月25日	千歳〜美々	
	1969年9月25日	植苗〜沼ノ端	
	1973年9月9日	北広島〜白石〜苗穂	新線開業＊2
	1973年9月10日	北広島〜月寒	ルート変更による廃止
		東広島〜苗穂	
	1976年10月1日	月寒〜東広島	
室蘭本線	1964年7月5日	静狩〜小幌信号所	複線化
	1967年9月29日	小幌信号所〜礼文	
	1968年9月5日	有珠〜長和	
	1968年9月15日	由仁〜栗山	
	1968年9月19日	黄金〜陣屋町	
	1968年9月25日	大岸〜豊浦	
	1969年9月19日	長万部〜静狩	
	1969年9月25日	栗山〜栗丘	
	1975年10月22日	礼文〜大岸	
根室本線	1966年9月29日	鹿越付近	線路付け替え
	1966年9月30日	落合〜新得	線路付け替え

＊1:1976年10月1日廃止。　＊2:白石〜苗穂間複々線。

図表20　国鉄第3次長期計画による輸送改善投資
出典:『国鉄歴史事典』(『日本国有鉄道百年史』別巻)ほか各種資料より筆者作成

mのホームがあって、地域の住民の便を図っていた。こちらは仮駅を名乗らず、あくまでも信号場であった。北海道でも自動信号化される前は信号場に職員が常駐していたため、便宜的に簡単なホームを設置した例も多かった。

類似するものに臨時駅があるが、こちらは常磐《じょうばん》線の偕楽園《かいらくえん》駅のように期間を決めて開設されるものや、正式に駅を設置するまでのあいだに暫定的に設置される場合が多かった。北海道でも仮駅は旭川鉄道管理局管内に集中し、同時に臨時駅も設置されていた。

戦前の北海道では北海道庁が国の官庁の行政を一元的に担当していた。北海道庁は北海道開発のための道路の整備を行うと同時に、農業の基盤整備も実施した。

一九二七（昭和二）年の北海道拓殖計画のなかで、入植を進める地域に簡易軌道を建設することが盛り込まれた。軌間七六二㎜の超狭軌の軌道で、北海道庁が建設し、車両も保有した。地元に運行組合を設置し、農家が保有する馬を使って自分たちで物資を輸送した。戦前に三四路線、約六二五㎞が完成した。

一九四七年に北海道庁が地方自治体に変わったのにともなって農林省の事業となり、一九五六年にはガソリンエンジンを動力とする自走客車の運行が始まった。その後は町村に移管された路線もあるが、自動車の普及によって急速に路線網を縮小し、一九七二年の浜《はま》中町《なか》営軌道茶内《ちゃない》線を最後に消滅した。

産業政策に翻弄された鉄道路線

戦後、政府は急速に復興を推進するために、不足していた資源を鉄鋼生産に集中させた。そのために石炭の増産を進めることになるが、常磐線、上越線、東海道本線の電化を推進したのも、石炭を鉄鋼生産に向けるためであった。

政府は年々の鉄鋼生産高を計画し、そのために必要な鉄道の貨物輸送量も計画した。産炭地から製鉄所に石炭車の重量列車が頻繁に運行することになる。たとえば、室蘭本線の岩見沢－室蘭間である。日高山地の産炭地域から室蘭の旧日本《にほん》製鉄、当時の富士《ふじ》製鉄室蘭製鉄所まで運炭列車を増発するために複線化を計画した。しかし、実際に完成したのは国のエネルギー政策が転換して多くの炭鉱が閉山された昭和四〇年代であった。

一九五〇（昭和二五）年に北朝鮮が突如南進を始めたことによって朝鮮動乱が始まったが、それに対して米軍を中心とした国連軍が派兵され、日本国内が兵站《へいたん》基地となった。国内でも石炭需要が増え、炭鉱は増産に努めた。必然的に炭鉱労働者は酷使されることになるが、経済的に十分に補償されなかったため、一九五二年に石炭の労働組合が賃上げを要求し、六四日にわたる大規模ストライキを打った。

通商産業省（現・経済産業省）は労働争議によって石炭の生産が減少したため、緊急に原油の輸入を実施し、その後は急速に産業界のエネルギー源が石油に転換していった。当時は原油の生産を欧米の石油メジャーが仕切っており、価格は低かった。相対的に石炭の価格が高くなったため、産業界は石炭価格の引き下げを要求することになる。

しかし、日本の炭鉱は炭層が薄いうえに、海外のような露天掘りはなく、人手がかかる坑内掘りであった。また、戦時中の乱掘によって生産効率が低く、価格の引き下げは容易ではなかった。一方で、海外の石炭は国内炭より価格が安いため、臨海部での工業地帯の開発によって海外の石炭の輸入が増加していった。

日本のエネルギー源の比率は一九五五年度には石炭四七・三％、石油一七・五％であったのが、一九六五年度には石炭二七・〇％、石油五九・六％と石油と石炭のシェアが逆転した。

増産のなかで事故が多発し、多くの犠牲者を出した。炭鉱を閉山する企業も増えていったことから、一九五九年一二月に炭鉱離職者臨時措置法を成立し、炭鉱失業者への取り組みが始められた。

一九六三年の石炭鉱業審議会の第一次石炭政策に関する答申により、石炭鉱業崩壊がもたらす経済や社会への影響を防止し、エネルギー革命の進行に対応した生産構造の再編が進められた。一九六二年と一九六三年が閉山炭鉱数のピークとなる。

一九六九年の石炭鉱業審議会の石炭政策に関する第四次答申では、石炭企業は再建に努力する半面、維持や再建が困難となる場合は進退を決すべきとした。国は再建交付金制度や安定補給金による再建を支援する一方で、期限つきで特別閉山交付金を支給する「石炭鉱業臨時措置法」の改正を行った。

一九七一年には戦後の世界経済のルールとなっていたブレトン・ウッズ体制が崩壊し、「円」は一ドル三六〇円の超円安レートから変動相場制への移行を余儀なくされ、急速な円高の進行が日本経済を襲うことになる。円高は輸入原油や石炭の価格を引き下げ、国内炭の需要が大きく落ち込むことになる。

そして、通産省は海外炭との競争条件改善が見込めず、国内炭の役割は変化、段階的縮小もやむなしとし、一九八六年第八次石炭政策答申では「なだれ閉山」という言葉も登場した。そして、一九九七（平成九）年に日本最大の九州の三井三池《みついみいけ》炭鉱が閉山、二〇〇一年に池島《いけしま》炭鉱閉山、二〇〇二年北海道太平洋炭礦《たんこう》の閉山により、国内での石炭生産は北海道での坑内掘り一鉱と、わずかな露天掘りしかない。

現在は地球温暖化防止の流れのなかで、先進国では石炭発電所の縮小を進めている。ただ、日本だけは福島第一原子力発電所の事故によって原子力発電所が一時的に全面的に休止したことにより、石炭発電所を縮小することはできなかった。しかし、その石炭は、ほぼすべてを海外からの輸入に頼っている状況にある（図表21、図表22）。

国鉄が取り組んだ特急列車網の拡大

国鉄は（第一次）長期計画の成果として一九六一（昭和三六）年一〇月一日に全国規模での白紙ダイヤ改正を実施した。高度経済成長期の前半期を終え、人々の所得が増えてレジャーの余裕が出てきたところであった。それまでは東海道本線を中心に特急は全国で九往復しかなかったが、このダイヤ改正で二六往復に大幅に増加した。

当時は東海道・山陽本線を除いて幹線でさえまだ電化していなかったため、特急列車のネットワークを拡大するには特急形気動車を開発する必要があった。しかし、高出力のエンジンの開発が思わしくなく、昭和二〇年代末から製造されているＤＭＨ17系エンジンを、先頭車と食堂車に一基、中間車に二基搭載して出力を確保し、一九六〇年にボンネット・

年月日	線路名称	区間
1969年11月1日	定山渓鉄道	路線廃止により札幌乗り入れを終了
1973年9月9日	函館本線	美唄～南美唄
1976年10月1日		東札幌～月寒
1978年10月2日		桑園～札幌市場、近文～旭川大町
1984年2月1日		小樽築港～浜小樽
1984年6月10日～8月24日		小樽築港～浜小樽に会場前駅を設置（小樽博覧会開催のため）
1985年3月14日	室蘭本線	室蘭～西室蘭
1986年11月1日	函館本線	白石～東札幌
	室蘭本線	東室蘭～御崎

図表21　国鉄貨物線の廃止
出典:『国鉄歴史事典』(『日本国有鉄道百年史』別巻)ほか各種資料より筆者作成

年月日	会社名
1967年7月31日	天塩炭砿鉄道 廃止
1969年11月1日	定山渓鉄道 廃止
1970年12月15日	羽幌炭鉱鉄道 廃止
1969年5月1日	留萠鉄道 休止
1971年4月15日	留萠鉄道 廃止
1968年8月14日	寿都鉄道 休止（豪雨による路盤流失）
1972年5月11日	寿都鉄道 廃止
1972年6月1日	三菱鉱業美唄鉄道 廃止
1973年1月1日	旭川電気軌道 廃止
1987年7月22日	三菱石炭鉱業大夕張鉄道 廃止
1989年3月26日	三井芦別鉄道 廃止
1999年9月10日	釧路開発埠頭 廃止
1998年4月1日	苫小牧港開発 休止
2001年3月31日	苫小牧港開発 廃止
	太平洋石炭販売輸送臨港線は現存

図表22　私鉄の廃止
出典:『私鉄統計年報』など各種資料より筆者作成

スタイルが特徴的なキハ81系が製造された。

上野《うえの》－青森間の特急「はつかり」で営業運転を開始したが、従来のエンジンの歯車比を下げて無理に高速運転を行ったのに加えて、片道八五〇kmの長距離を運転することになったため、故障が頻発した。

翌年の量産開始では改良型のキハ82系が開発され、食堂車にもエンジンを二基搭載するとともに、先頭形状がボンネットタイプから貫通（車両間を通り抜ける扉がある車両）タイプに大きく変わった。北海道ではこれが役に立った。

北海道でも函館運転所にキハ82系特急形気動車を配置し、一九六一年一〇月から函館本線の函館－旭川間に特急「おおぞら」の運転を開始した。

基本的に、ビジネス客にしても観光客にしても、鉄道と連絡船で函館に上陸したため、北海道の長距離列車もすべて函館を起点にして北海道の各地に向かっていた。

キハ82系は貫通式のため、多方面に向かう列車を併結（連結）運転するのに都合がよかった。一九六二年一〇月一日のダイヤ改正で函館－旭川間の「おおぞら」に釧路行きの編成が併結され、石勝線が開通していなかったので、滝川で分割・併合して根室本線を富良野経由で釧路まで運転した。一九六四年一〇月には函館から石北本線の網走まで特急

「おおとり」が新設された。

続いて、一九六七年三月一日には「おおぞら」の函館 - 旭川間の編成が独立して特急「北斗《ほくと》」となり、もともと旭川行きとして登場した「おおぞら」がこのときから釧路行きに変わった。「北斗」は現在は函館 - 札幌間の列車であるが、当初は函館 - 旭川間の特急だったのだ。

国鉄時代のキハ82系特急型気動車

一九六七年一〇月には長万部から札幌まで小樽を経由する、いわゆる「山線」経由で函館と旭川を結ぶ特急「北海《ほっかい》」が登場する。さらに、一九六八年一〇月一日には急行「すずらん」を格上げするかたちで函館 - 札幌間に「北斗」を増発、これによって特急は二往復となった。

その翌年の一〇月一日にも山線経由の函館 - 札幌間の特急「エルム」を増発した。朝札幌を出て夜札幌に戻る便で、札幌から東京に向かうビジネス客の定番コースとなる。青森で急行「十和田《とわだ》三号」に接続し、翌日の早朝五時三〇分に上野に到着。帰りは上野二二時四〇分発「十和田五号」で、札幌には翌日の二〇時五三分に到着した。

特急「おおとり」は、函館‐釧路間と函館‐網走間の編成を併結運転していたが、一九七〇年一〇月一日のダイヤ改正で釧路編成を分離して「おおぞら」に統合した。これで「おおぞら」が二往復となる。

一九七一年七月には函館‐札幌間山線経由の「エルム」を室蘭本線、千歳線経由に変更して「北斗」に編入。これで「北斗」は三往復となった。

一九七二年三月一五日には「北斗」一往復に函館‐釧路編成を併結し、列車名を「おおぞら」に変更。「おおぞら」は三往復、「北斗」は二往復となる。

そして、一九八一年一〇月一日ダイヤ改正で千歳空港（現・南千歳）と新得のあいだをショートカットする石勝線が開通したのにともなって、「おおぞら」が石勝線経由に変更となった。一往復は函館‐釧路間のままであるが、ほかの二往復は札幌‐釧路間に短縮された。函館発着の「おおぞら」はいったん札幌に到着してから方向を変え、同じ線路を千歳空港まで戻ることになる。

一九八四年二月一日に「おおぞら」が札幌‐釧路間に一往復増発して四往復となり、翌年三月一四日にも急行「まりも」の昼間の列車の二往復を特急に格上げして「おおぞら」に統合し、これで六往復になる。

一九八六年一一月一日札幌‐帯広間に「おおぞら」の上り始発、下り最終の一往復を増発。これで「おおぞら」は七往復となった。一九九〇年には帯広発着の系統を特急「とかち」に名称を変更した。同日には特急「北海」が廃止となり、これで山線経由の優等列車がなくなった。

一九八八年三月一三日には函館‐網走間の「おおとり」を札幌で系統を分離して函館‐札幌間を「北斗」に編入し、札幌‐網走間に特急「オホーツク」を新設した。これで宗谷本線を除く主要幹線に特急列車のネットワークが完成した（図表23）。

同時に、いろいろな行き先の特急が連結して走ることもなくなった。

道東の大動脈となった石勝線の建設

札幌から道東の帯広や釧路に向かう場合、かつては函館本線を北上して滝川から芦別、富良野を経由して北側を大きく迂回するルートをたどらなければならなかった。北海道を南北に貫く日高山脈を避けるためであるが、このために大きく時間をロスすることになっていたため、長大トンネルを建設してショートカットすることが計画された。

もともと、この沿線は産炭地域で、石炭を搬出するために苫小牧の方向に千歳線、室蘭本線の二本の幹線が伸びていた。そして、室蘭本線の途中の追分駅で分岐し、日高山地の夕張を目指して東西方向に夕張線が走っていた。この夕張線のルートのうち、追分－紅葉山（現・新夕張）間の線路を活用し、千歳線の千歳空港－追分間と紅葉山－新得間に新線を建設し、追分－新得間の札幌と道東を結ぶ短絡ルートを整備した。

上落合《かみおちあい》信号所と新得のあいだについては根室本線の付け替え工事とし、先行して一九六六（昭和四一）年九月三〇日に使用を開始した。

一九八一年一〇月一日には千歳空港－追分間一七・六km、新夕張－上落合信号所－新得間八九・四kmが開業した。上落合信号所－新得間は根室本線と二重籍である。同日、夕張線追分－紅葉山間が石勝線に編入され、紅葉山駅を新夕張駅に改称した。

夕張線支線の紅葉山－登川《のぼりかわ》間の支線が廃止となるとともに、紅葉山－夕張間が石勝線の夕張支線となった。登川駅の代わりに新線に楓《かえで》駅が設置され、新夕張とのあいだに普通列車が運行していたが、二〇〇四（平成一六）年三月一三日のダイヤ改正で列車は廃止され、楓駅は信号場となった。

ダイヤ改正	函館発	列車名	行先	備考
1967年10月1日	4:10	おおぞら	釧路	
	4:15	北海	旭川	山線経由
	11:15	おおとり	網走	
	13:45	北斗	旭川	
1968年10月1日	4:40	おおぞら	釧路	
	4:45	北海	旭川	
	9:30	北斗1号	旭川	
	11:35	おおとり	網走・釧路	
	16:25	北斗2号	札幌	
1969年10月1日	4:40	おおぞら	釧路	
	4:45	北海	旭川	
	9:40	北斗1号	旭川	
	11:45	おおとり	釧路・網走	
	14:20	北斗2号	旭川	
	16:25	エルム	札幌	
1970年10月1日	4:40	おおぞら1号	釧路	
	4:45	北海	旭川	山線経由
	9:40	北斗1号	旭川	
	11:45	おおぞら2号	釧路	
	11:50	おおとり	網走	
	14:20	北斗2号	旭川	
	16:25	エルム	札幌	山線経由
1972年3月15日	4:45	おおぞら1号	釧路	
	4:50	北海	旭川	山線経由
	9:35	おおぞら2号	釧路・旭川	
	11:40	おおぞら3号	釧路	
	11:45	おおとり	網走	
	14:25	北斗1号	札幌	
	16:15	北斗2号	札幌	

図表23　特急列車の増発（函館発下り）
出典：『交通公社の時刻表』など各種資料より筆者作成

この区間が開業したのにともない、滝川を経由していた「おおぞら」と夜行急行「まりも」と貨物列車が新線経由に変更となった。新夕張（楓）‐新得間には昼間は特急しか走らないため、同区間では自由席利用の場合にかぎって特急・急行料金は不要である。楓から新得方面に行く場合、いったん新夕張に戻る必要があった。

函館本線、千歳線、室蘭本線の電化

北海道では一九六八（昭和四三）年八月二八日の小樽‐滝川間、一九六九年一〇月一日に滝川‐旭川間を交流電化した。前年に711系交流電車二両編成二本の試作車を製造して北海道の地で試運転を繰り返した。試作車は二本ともデッキつきの二扉で、一本は本州の急行形と同じ二段のユニット窓、一本は北海道用の客車や気動車と同じ一枚窓で、いずれも内窓を持つ二重窓である。本州では急行に使われていたタイプの車両で、北海道でも普通列車だけでなく、急行にも使われた。いわばオールマイティな車両であった。

量産車は一枚窓を採用し、第一次量産車として二五両が製造された。試作車二両とあわせて三両編成九本と試作車二両編成一本で営業運転を開始した。

一九六八年一〇月一日のダイヤ改正で小樽‐滝川間の急行「かむい」の一往復が711

系電車に置き換えられた。気動車時代は岩見沢で分割して室蘭本線経由で夕張までの編成、滝川で根室本線富良野方面、深川で留萌本線方面の編成を分割していた。小樽‐岩見沢間は三つの列車が併結されていたのである。札幌から夕張まで岩見沢を経由した直通列車が走っていたのも、いまから思うと驚きである。

一九七一年七月一日のダイヤ改正では「かむい」の一往復が小樽‐旭川間、途中札幌のみ停車の急行「さちかぜ」に変更した。

一九七四年には交直流特急電車485系の北海道向け1500番台二二両を新造し、まず大阪‐青森間の特急「白鳥《はくちょう》」に連結して試験的に営業運転を開始した。ひと冬、本州の豪雪地帯での安定した運転が確認されたことから、一九七五年七月一八日に「さちかぜ」「かむい」を格上げして新設した札幌‐旭川間のL特急「いしかり」に使用を開始した。

しかし、冬季になると本州に比べて厳しい気候に耐えられず、故障が多発した。修繕のために列車の運休や減車が行われるという非常事態になった。本州の電車をほぼそのまま北海道で使うのは無理があった。

485系の失敗の経験を経て、北海道向けに新しい交流特急電車として781系が開発され、一九七八年に試作車六両編成を製造した。とくに主要機器に雪が吹き込むのを避ける設計にするなど、床下の主要機器の配置の見直しを行った。

一九七九年三月一九日から試作車を「いしかり」に投入した。一九八〇年六月には量産車六両編成三本を新造して485系の置き換えを完了した。さらに、七月には六両編成四本を増備し、一〇月一日の千歳線、室線本線の室蘭－白石《しろいし》間の電化用にあてられた。

一九八〇年一〇月一日のダイヤ改正では札幌－旭川間の「いしかり」を廃止し、室蘭－旭川間のL特急「ライラック」を新設した。室蘭－旭川間五往復、札幌－旭川間二往復、室蘭－札幌間二往復が設定された。

赤字八三線、炭鉱路線の廃止

特定地方交通線以前に北海道で廃止された国鉄路線は四路線ある。そのうち二路線が赤字八三線に入っていた根北線《こんぽく》（一九七〇＝昭和四五年一二月一日廃止）と、札沼線の新十津川－石狩沼田間（一九七二年五月一四日廃止）である。

根北線は釧網本線の斜里《しゃり》から越川《こしかわ》までの一二・八kmのローカル線で、最終的に標津線《しべつ》（廃止）の根室標津まで結ぶ計画であったが、一九五七年一一月一〇日に越川まで開業しただけで終わってしまった。盲腸線であり、並行して根室標津まで直通する斜里バスの路線バスが運行していたため、極端に旅客数が少なかった。廃止後は斜里バスの並行路線が増便で対応した。

札沼線はもともと函館本線の桑園と留萌本線の石狩沼田を結ぶ路線であったが、桑園の側が都市内路線であるのに対し、石狩沼田側は田園地帯を走るローカル線であった。ごく

国鉄時代に製造された
781系特急型電車（上）と711系近郊型電車（下）

近い位置に函館本線が走っており、沿線に自動車が普及すると、利用者が急速に減少した。

赤字八三線以外では胆振線脇方《わきかた》支線（一九七〇年一一月一日廃止）と函館本線の南美唄《みなみびばい》支線（一九七一年八月二〇日廃止）が廃止された。

脇方支線は胆振線の京極《きょうごく》から脇方までの一駅間七・五㎞の路線である。倶知安《くっちゃん》鉱山で産出する鉄鉱石を輸送するために建設された路線であるが、旅客列車も走っていた。

南美唄支線も美唄－南美唄間三・〇㎞の一駅間だけの短い路線である。三菱《みつびし》美唄炭鉱で産出する石炭と旅客の輸送を行っていた。美唄駅からは三菱鉱業美唄鉄道線も延びていたが、美唄炭鉱の閉山によって一九七一年に南美唄支線が廃止され、一九七二年に美唄鉄道も廃止となった。

特定地方交通線のなかで最初に国鉄が廃止したのは北海道の白糠線であった。一九八三年一〇月に廃止した白糠－北進《ほくしん》間三三・一㎞の路線で、最終的な輸送密度は一二三人であった。白糠線のうち上茶路《かみちゃろ》－北進間は一九七二年九月八日に開業したまだ新しい路線であった。廃止後は白糠町営バスが代替バスを運行した（図表24）。

北海道の北端近くのオホーツク海沿いに興浜南線《こうひんなん》と興浜北線《こうひんほく》が走っていた。もともと興部《おこっぺ》から浜頓別《はまとんべつ》までの新線として建設が進められていたが、北側の浜頓別－北見枝幸《きたみえさし》間

時期	線路名称	区間	廃止年月日	転換後
第1次	白糠線	白糠～北進	1983年10月23日	白糠町営バス
	相生線	美幌～北見相生	1985年4月1日	北海道北見バス、津別町営バス
	渚滑線	渚滑～北見滝ノ上		北紋バス
	万字線	志文～万字炭山		北海道中央バス
	岩内線	小沢～岩内	1985年7月1日	ニセコバス
	興浜北線	浜頓別～北見枝幸		宗谷バス
	興浜南線	興部～雄武	1985年7月15日	北紋バス
	美幸線	美深～仁宇布	1985年9月17日	名士バス
第2次	胆振線	伊達紋別～倶知安	1986年11月1日	道南バス
	富内線	鵡川～日高町		
	広尾線	帯広～広尾	1987年2月2日	十勝バス
	瀬棚線	国縫～瀬棚	1987年3月16日	函館バス
	湧網線	中湧別～網走	1987年3月20日	網走バス
	士幌線	帯広～十勝三股	1987年3月23日	十勝バス、北海道拓殖バス、上士幌タクシー
	羽幌線	留萌～幌延	1987年3月30日	沿岸バス

図表24　JR北海道発足前の特定地方交通線の廃止
出典：『日本国有鉄道監査報告書』など各種資料より筆者作成

が一九三六年に開業（戦時中休止）し、南側の雄武《おうむ》－興部間は一九三五年に開業したが、途中の五一kmは一九六〇年に二一km分の路盤が完成したものの、国鉄の経営再建のために工事が中止された。

　いずれも特定地方交通線の第一次線に指定されたことから、沿線市町村ではオホーツク本線建設期成会を組織し、新線区間を完成させて興浜北線、興浜南線の全線を第三セクターで経営する計画を作成した。そして、第三セクター設立に必要な資本金三億円のうち、半分の出資を北海道に求めた。

しかし、第二次、第三次と廃止対象路線が増加するなかで、さらに国鉄の分割民営化の話まで具体化していき、北海道が負担しなければならない金額が想像できない規模になりかねないために慎重になった。

名寄本線は沿線に紋別《もんべつ》市があり、一九九〇年には鉄道が残った遠軽《えんがる》町の人口が二万六七三五人であるのに対し、鉄道が廃止された紋別市のほうが三万一〇七八人と多かった。旭川から遠軽を通って急行「旭川」が直通していたが、この列車は名寄から宗谷本線に直通して旭川に戻るという循環列車であった。また、札幌から名寄を経由して紋別まで急行「紋別」が走っていた。

遠軽から紋別までの区間は残したほうがよかったのではないかと思われる路線である。紋別市には紋別空港があり、いったん定期便がなくなるという寂しい状況にあったが、名寄本線の廃止後の二〇〇〇（平成一二）年にジェット化され、日本エアシステムによる羽田《はねだ》空港線が季節運航のかたちで就航（B737－500）した。また、長く休止していた新千歳線（エアーニッポン）が復活したが、利用が低迷したため、翌年にはYS11に変更して丘珠《おかだま》空港発着に変更した。しかし、これも二〇〇三年一〇月一日に廃止された。

二〇〇五年には北海道エアシステムが紋別市の助成によって千歳線を就航させたが、定員三六名の小型機（Saab340）を使用したものの、利用率が採算ラインの七〇％を大きく下回る三八・三％にとどまった。二〇〇六年に新千歳線に変更して運行したが、相変わらず利用が低迷したため、二〇〇七年に正式に廃止となった。

羽田線は採算ラインを割っているものの、五〇％を維持しているため、現在まで運航している。二〇一一年には新千歳での乗り継ぎ便に変更されたが、いったん降機する必要があるうえに所要時間が延びたため、周辺自治体はなし崩し的に路線廃止となることを危惧して存続運動を展開した結果、二〇一二年から羽田直行便が復活した。

名寄本線の廃止後は細かく区間を区切って、それぞれ名士《めいし》バス、北紋《ほくもん》バス、北見バス（現・北海道北見バス）、上湧別《かみゆうべつ》町営バス（現・湧別町営バス）が代替バスを運行したが、紋別には旭川や札幌から直通の高速バスが運行している。

一九八四（昭和五九）年六月二七日に道北バスが旭川‐紋別間に「特急オホーツク」一往復の運行を開始。一九八九（平成元）年一二月二二日に北紋バスも参入した。一九九六年には札幌‐旭川間「高速あさひかわ」と旭川‐紋別間「特急オホーツク」を組み合わせて「高速流氷もんべつ」が運行開始した。

二〇〇一年には旭川を経由しない直行便が新設（一九九八年から季節限定で運行）され、現在に続いている。この路線は北海道中央バス、ジェイ・アール北海道バス、道北バス、北紋バスの四社の共同運行となっている。

現在は札幌‐紋別間「高速流氷もんべつ」旭川経由一往復、直行三往復、旭川‐紋別間「特急オホーツク」三往復を運転している。

札幌‐遠軽間の「高速えんがる」直行便二往復が二〇〇一年五月二六日から期間限定で上湧別町（現・湧別町）まで延長したが、二〇一二年四月一日に廃止された。

道北バスの特急「オホーツク」（1985年ごろ、旭川駅前）
撮影：佐藤信之

途中、一九八五年四月一日に廃止された渚滑《しょこつ》線沿いを走り、滝下《たきのした》、上渚滑、中渚滑、渚滑に停車するが、紋別行きは降車のみ、紋別発は乗車のみで、紋別とのあいだの相互利用はできない。なお、石北本線の上川駅では紋別方向に乗車できるため、旭川から上川まで石北本線の列車を利用し、上川で高速バス（直行を除く「流氷もんべつ」一往復と「特急オホーツク」三往復）に乗り換えて紋別に向かうことが可能である。

「急行」の特急化

北海道では冬季のスキー客など観光需要が順調に増加した。国鉄も特急の輸送力の増強とキハ82系気動車の代替を目的に、一九七九（昭和五四）年にキハ183系新型特急形気動車の試作車一二両を新造した。基本編成七両と増備用として中間車三両である。前面が角折れした二面構造の「スラントノーズ」という斬新なスタイルであった。

一九八一年から一九八三年にかけて量産車が八九両製造され、旧型のキハ82系気動車はJR発足時点では「フラノエクスプレス」に改造した三両のほかは一五両だけであった。

六両がジョイフルトレインへの改造の種車となったほかは、リクライニングシートに改造して臨時特急に使用された。

キハ183系は当初、最高速度が一〇〇kmであったが、一九八五年度以降は一一〇km運転に対応する改造を行った。

一九八四年二月のダイヤ改正では札幌‐旭川間の急行「かむい」二往復と急行「なよ

ろ」一往復を特急に格上げし、L特急「ライラック」を七往復から一〇往復に増発。また、石勝線の特急「おおぞら」札幌‐釧路間一往復を増発するとともに、到達時間を約三分短縮した。

このダイヤ改正は急行を大幅に整理したのが特徴で、季節急行「すずらん」函館‐札幌間一往復を廃止、札幌‐根室間の急行「狩勝」帯広‐釧路間一往復を廃止し、釧路‐根室間を急行「ノサップ」一往復に立て替えた。さらに、急行「せたな」函館‐瀬棚《せたな》間一往復、急行「らいでん」札幌‐目名《めな》間三往復、急行「るもい」旭川‐留萌間下り一本・上り二本、急行「なよろ」旭川‐名寄間二往復、急行「しれとこ」北見‐釧路間一往復を普通列車に変更した。

一九八五年三月ダイヤ改正では「おおぞら」二往復を増発した。うち一往復は急行「まりも」の格上げである。また、函館本線の特急「北斗」、石北本線の特急「オホーツク」各一往復増発した。急行「すずらん」「大雪」の格上げである。これで「すずらん」は全廃、「大雪」は夜行列車だけとなった。

千歳線と室蘭本線ではL特急「ライラック」の室蘭‐東室蘭間が普通列車に種別変更されたほか、急行「ちとせ」一往復を廃止。宗谷本線などでは急行「宗谷」「天北《てんぽく》」の気動車が老朽化したうえに非冷房であるため、余剰気味であったリクライニングシートつきの14系特急形座席客車に置き換えられた。機関車牽引の客車列車は時代に逆行していたが、電源用エンジンを搭載した車両以外は騒音がなく、居住性は優れていた。

キハ183系特急型気動車（初期型）

急行「宗谷」の14系特急型客車

「汽車型ダイヤ」から「都市型ダイヤ」への転換

国鉄末期は鉄道の利便性向上のために大都市圏での列車の大増発を実施したが、車両への設備投資を増やせない状況のなかで編成両数の短縮を進めた。

従来は東海道・山陽本線など主要幹線では新幹線開業以前は長距離の優等列車と貨物列車主体のダイヤが設定され、地域列車はその隙間を縫って運転されていたため、運転本数が少なかった。輸送量を確保するために長大編成が使用されていた。

東北本線や北陸本線では荷物車を連結した長距離の普通客車列車が運転されていたが、これらは途中通勤、通学時間帯も走行するため、全区間にわたって長大編成で運行されていた。合理的ではなかったのである。

新幹線が開業した並行路線では優等列車がほぼ全廃され、また貨物列車が縮小するとともに荷物輸送が廃止されたことで、ようやく地域のニーズにマッチした地域列車を設定することができるようになったのである。

新幹線がない北海道、四国、九州でも域内の都市間輸送を充実させるために特急列車網を整備した。分割民営後のＪＲ三島会社は不採算が見込まれていたため、事前に国鉄が大規模な設備資を行った。

一九八六（昭和六一）年三月三日のダイヤ改正では函館本線の函館‐桔梗《ききょう》間と千歳線の最高速度を引き上げるとともに、千歳空港‐札幌‐旭川間途中ノンストップの特急「ホワイトアロー」を新設した。札幌‐旭川間、千歳空港‐旭川間、千歳空港‐札幌間各一往復で、これによってL特急「ライラック」と合わせ、札幌‐旭川間のL特急の運転本数は従来の一二往復から一九往復に増加した。

この増発のために「ライラック」の781系特急形電車を六両編成から四両編成に短編成化した。

札幌都市圏では函館本線で通勤時を中心に増発。千歳線ではデータイムに札幌‐北広島《きたひろしま》間三往復を増発するとともに、千歳空港‐苫小牧間一往復の運転区間を延長した。

このときの改正では札沼線の輸送改善に力が入っていた。朝夕通勤時に札幌‐石狩当別間六往復増発、石狩当別‐大学前（現・北海道医療大学）間一往復を延長した一方で、浦臼‐新十津川間二往復、大学前‐石狩月形間一往復を廃止した。データイムには、札幌‐大学前間一三往復増発、石狩当別‐大学前間二往復を延長した。

同年一一月の国鉄最後のダイヤ改正では「ライラック」が札幌‐旭川間一四往復の一時間間隔の運転となり、この区間には別に「ホワイトアロー」が六往復した。また、函館‐

キハ183系特急型気動車（後期型、お座敷車）

札幌間の山線経由の特急「北海」二往復が室蘭本線経由の特急「北斗」に立て替えられたほか、別に一往復を増発。特急「おおぞら」も一往復増発した。

函館本線、千歳線、札沼線で増発したが、これによって函館本線の札幌‐手稲《ていね》間では一〇分間隔の等時隔運転を実現し、都市路線としての体裁を整えていった。

一九八六年にはキハ183系の新系列としてN183系（キハ183系500、1500番台）三六両を新造した。製造コストの低減を図るためと柔軟な運用のために、独特の先頭形状をやめて貫通式となっ

最高速度は一一〇kmであるが、近い将来の一二〇km運転に対応した性能となっていた。

「鉄道vs.高速バス」の攻防

一九八一（昭和五六）年に旅行エージェントの北都《ほくと》観光が札幌‐稚内間にバス路線を開

設したことで、北海道における今日《こんにち》の長距離バスの路線網が始まった。

北都観光が旅客を会員募集し、系列会社の道北観光（銀嶺《ぎんれい》バスの系列）にチャーターするもので、従来の路線乗合バスとは違い、本来は災害時などの緊急時や乗合会社が路線運行する意思がない場合に例外的に認められるものだ。陸運局がこの貸切（限定）路線バスという方式を認めたことにより、新設や廃止に面倒な手続きを要する乗合バスでは開設できないような需要の不確実な路線にもサービスを提供できることになった。

たとえば、札幌－稚内間など、既存乗合事業者が新設を躊躇《ちゆうちよ》した路線や、国鉄の廃止路線の代替バスで、既存の路線バス事業者が運行を拒否した場合に、貸切事業者が限定つきで運行するケースが見られるようになった。その後、乗合バスを補完して市場を開拓するという補助的な役割にとどまることなく伸張を続け、札幌からは函館、瀬棚（季節運行）、稚内、留萌、豊富《とよとみ》に、そして旭川－稚内間の路線が開設された。

このため、既存乗合事業者からの猛烈な反対にあった。運輸省もこれに規制の網をかけることとし、一九八四年一二月各社に貸切・乗合許可の申請を出すよう指導した。一二月二七日には乗合事業者から異議が出た北都観光の札幌－留萌間を除いて許可となった。しかし、あわせて今後は新たな貸切（限定）路線バスの開設は認めないと発表した。

路線バス事業者は既得権益を守るために貸切バスによる路線バスの運行は認めがたいわけであるが、路線バス事業者の宗谷バスと沿岸《えんがん》バスは、みずから貸切路線を開設した。北海道中央バスは運輸局に競合する貸切路線の廃止を要請するとともに、高速道路を経由する高速路線バスの路線網を拡大した。

札幌・稚内間

かつて利尻《りしり》、礼文《れぶん》両島から札幌に出るためには、稚内経由の飛行機を使うコース、フェリーで稚内に出て国鉄の急行列車に乗り換えるコース、小樽に直行するフェリーを使うコースの三とおりがあり、運賃と時間を考えると当然、国鉄を利用する場合がいちばん多かった。

しかし、フェリーは上り・下りとも旭川発着の急行「礼文」に接続し、札幌には夜行急行「利尻」まで待たなければならなかった。そのうえ、所要時間のうえでは十分に札幌まで日着が可能なのであるが、稚内で三、四時間も接続時間をとられるため、旭川着が札幌行きの最終列車が出てしまった二三時を回ってしまうのである。下りについても同じで、旭川六時二二分発の急行「礼文」は札幌発の始発の接続を受けていなかった。両島の島民は国鉄に対して列車の時刻をフェリーの時刻に合わせるように陳情したが、「利尻」は稚内－旭川間では生活利用の区間客が多いということで、時刻変更はかなえられなかった。

島民はらちがあかないため、国鉄に見切りをつけ、島内に路線を持つ地元の宗谷バスに札幌までの路線バス運行を陳情する。しかし、こちらも実績のない長距離バスの運行に二の足を踏み、結局、実現せず。あらためて稚内に本社を置く道北観光に要請し、貸切バスを使った会員バスのかたちで定期バスを運行することになった（北都観光が会員を募集）。旅行会社で乗車券を買うというだけで、路線バスと変わらない。

一九八一（昭和五六）年七月一日から運行を始め、高級なハイデッカーの観光仕様の車両を投入し、車内にはビデオ装置を備え、軽食、毛布、スリッパがつくというサービスぶりであった。

一九八二年五月にはこれに対抗して乗合事業者の宗谷バスも同じ区間の路線を開設。同時に北都観光も二便に増便。さらに一九八八年五月には両社ともに旭川－稚内間の路線を新設した。後発の宗谷バスのほうは、島民を対象とするよりは、むしろ稚内市民の需要に対応するように運行時刻を設定したため、国鉄の急行列車と真っ向から競うことになった。また、北都観光の増発便にもフェリーに接続しないものができた。

国鉄は飛行機に長距離旅客をとられてジリ貧状態であったが、それに加えてバスにまで侵されることになった。国鉄が積極的に巻き返しにかかるのは、かなり遅れて、一九八五年三月のダイヤ改正まで待たなければならなかった。

懸案であった「礼文」の時刻修正は、稚内に一〇時五〇分に着くフェリーの時間に合わせて一一時四三分発に、下りも一四時一〇分発のフェリーに待ち時間なしで接続するように一三時〇三分着に変更された。これによって、いちおう稚内－札幌間の日帰りが可能になった。

この稚内－札幌線は日本海沿いの国道二三二号線（羽幌《はぼろ》、留萌）を経由しているが、北都観光の便が沿線の住民の要望を受けて途中での乗降を扱い始めた。この地域に路線網を持つ沿岸バスはこれに疑義ありとして陸運局に訴え出たが、違法とする条文はなく、会員制バスは一般に実施されているという返答で、結局、改善されなかった。

そのうえ、貸切路線バスの規制を強化するために既存の貸切事業者に対して乗合許可を交付し、これを公認する立場をとったため、一九八四年一二月二八日にみずからの事業エリアを守るために、対抗上、札幌－豊富間二八一kmの貸切路線を開設した。

札幌 - 留萌間

北海道の支庁が置かれていた留萌は留萌炭田の中心地として栄えていたが、すべての炭鉱が閉鎖されてからは見る影もないありさまであった。全盛期には留萌本線の留萌、恵比島《えびしま》や羽幌線（廃止）の築別《ちくべつ》を起点とした運炭鉄道が活況を呈していた。

留萌からも内陸の達布《たっぷ》まで天塩《てしお》炭礦鉄道（のち、てんてつバス）が走り、天塩炭礦の石炭や沿線から出される木材を運んでいた。一九六三（昭和三八）年にこの天塩炭礦鉄道が札幌までの長距離バスの運行を計画して申請した。続いて、沿線に路線を持つ沿岸バスと北海道中央バスも同じ区間を申請し、三社競願となった。当時、天塩炭礦鉄道は貸切一両に乗合二両と小規模であり、長距離路線の経験がないため、一九六四年四月一一日に却下され、沿岸バスと北海道中央バスの二社に免許が交付された。

沿岸バスは羽幌に本社を置き、旭川 - 留萌線、留萌 - 羽幌線など、留萌本線と羽幌線の沿線に路線を持つ乗合主体のバス会社である。札幌線のほとんどの区間が他社のエリアへの新規乗り入れであるために営業拠点を持たず、また北海道中央バスも留萌にターミナルを持たないため、両社は提携して二便ずつを運行した。

しかし、経由する国道一二号線が未舗装であったこと、留萌 - 札幌間が片道で四時間になるため、往復ではハンドル時間八時間、拘束時間一三時間にもなり、基準外賃金が増加するというコスト面での問題から、せっかく札幌に進出した沿岸バスは一九七一年に撤退し、持ち分の二便を北海道中央バスに譲渡した。

その後は北海道中央バスの単独路線となり、一九八四年四月に岩見沢まで開通（一九八三年一一月）した道央《どうおう》自動車道経由に変更し、高速「るもい」号となった。留萌－札幌間を三時間あまりで結んだ。

一九八四年二月にてんてつが再度、札幌への路線を計画した。これは時の陸運局長が北都観光の稚内札幌線の盛況ぶりを見て、貸切免許による長距離バスを大いに奨励する旨の年頭の訓示を行ったことが影響していた。

てんてつは当時、高速バスの利益で第二種生活路線補助金の二〇〇〇万円がいらなくなる計算であった。また夏場に集中する貸切バスの仕事を補完する冬場の仕事として、同年四月から札沼線沿いの国道二七五号線を朝上り、夕方下る一往復の（貸切）運行を計画した。一九六四年の不許可の経緯もあるため、陸運局に可否を打診したが、北海道中央バスの路線とは経由が違うというものの、起終点が同じであるため、また路線バス類似行為に対して疑念があるという理由で受け入れられなかった。ただ、当局の担当課長からは口頭で、他社には決して同区間の貸切運行を認めないとの約束を取りつける。

しかし、この年の五月一日から銀嶺バスが留萌‐札幌間の（貸切）運行を開始している。陸運局は運行開始の五日前に銀嶺バスに対して北海道中央バスと調整することを要請するとともに、貸切バスに対する本省の見解を待つように求めたが、受け入れられなかった。予定どおり五月一日から運行を始めたことで、北海道中央バスは銀嶺バスの便に先発する便を増発して対処したが、銀嶺バスでの運賃のほうが三〇〇円高いにもかかわらず、サービスのよさで客を引きつけた。運輸局（一九八四年七月に陸運局を改編）も無秩序な貸切バスの伸張を調整する必要に迫られており、銀嶺バスの札幌‐留萌を廃止させる代わりに、同社のほかの路線に乗合許可を与えて公認することにした。

一九八四年一二月二七日に北海道中央バスの異議申し立てによって銀嶺バスの札幌‐留萌間についてはなお審議を尽くすこととし、ほかの路線および沿岸バスの札幌‐豊富間は新規に乗合許可が与えられた。そして、銀嶺バスは運輸局から道路運送法二四条ノ二違反によって留萌線の運行停止の命令書が交付され、これを不服として提訴したが、結局、一九八五年九月一六日かぎりで路線は廃止となった。

北海道中央バスとの競合

札幌を中心として長距離バス網が整備されてきたが、当初は貸切バスとして運転されるものであった。このため、札幌周辺の都市間バス路線を運行する北海道中央バスは自社の営業範囲を侵されることになり、留萌線では訴訟騒ぎになった。しかし、貸切バスが長距離バスの優位性を証明することにもなり、既存路線事業者において積極的に長距離路線に力を入れるようになった。

北海道中央バスは昭和三〇年代に札幌-旭川間や札幌-室蘭間に長距離路線を運行していたが、その後の国鉄の電化やスピードアップなどによって利用率が低下し、撤退した経緯がある。

同社の高速バスは道央自動車道の白老《しらおい》延長に際し、一九八四（昭和五九）年四月に登別温泉線の苫小牧-白老間を高速道路に乗せ変え、それまでの「超特急」という呼称を「高速」に改めたのが高速バスの始まりである。

同時に道央道経由で休止中の札幌-室蘭線（道南バスとともに二往復ずつ運行）が高速バスとして復活。また、道央道の札幌-岩見沢間を経由し、札幌-留萌線と岩見沢線に高速バスが登場した。そして、同年九月には旭川線が高速バスで復活、翌年四月一日に苫小牧線、四月一〇日に芦別線、深川線、美唄線にも高速バスが加わる。

高速バス路線の開設をめぐる「大人の事情」

一九八一（昭和五六）年に北都観光が稚内－札幌線を開設しようとしたとき、陸運局は別に問題となるところはないとして、実質的にこれを認めたわけである。また、一九八四年一月には局長自身が貸切バスによる乗合類似行為を積極的に奨励する訓示を行っている。

行政が貸切免許による乗合営業に好意的であったのは、国鉄の赤字ローカル線の代替バス運行を容易にすることと、過疎バスの貸切業者による代替運行を推進するのが主たる目的であった。それが長距離路線ばかりが発展したのでは、あてが外れたといえよう。

そのうえ、自社エリア内で乗降を行われる沿岸バ

北都交通の二階建てバス（函館駅前）
撮影：佐藤信之

スや、路線が完全に競合する北海道中央バスがこれに反対して陸運局に訴え出ることになり、この対応に苦慮して本省にうかがい出た。この結果が一九八四年一二月の貸切免許の乗合許可による規制の緩和と、道路運送法二四条ノ二の適用による規制の強化であった。規制を実質的に緩和することによって長距離バスを発展させ、お手ふきやお茶のサービスなど接客が改善されたが、これが既存乗合事業者の反発を買い、乗合事業者は行政に対する影響力を行使し、これを制限させることになった。

サービスのバリエーションが増し、利用者は利益を受けるわけだが、既存事業者は赤字生活路線を多く抱えており、ドル箱路線による収益で内部補助を行っていることから、行政が既存事業者を保護する立場に向かったことも納得できる。

国鉄もまた貸切バスへの規制を強める力になった。航空機に長距離客を奪われ、そのうえ高速バスにまで客をとられては大変ということであった。運賃割引やスピードアップとれる策はすべて講じているが、客離れの傾向には歯止めがかからなかった。

第五章　国鉄解体とＪＲグループの誕生

最初から危惧された本州と三島の格差

ここで、国鉄の分割民営化にあたってのJR三島各社に対する考え方を顧みることにしよう。

一九八一(昭和五六)年三月に鈴木善幸《すずきぜんこう》内閣のもとで、行財政改革のための第二次臨時行政調査会(以下、臨調)が発足した。この臨調では当初から国鉄問題が主要なテーマとして取り上げられることになった。

国鉄の収支は一九八〇年度の純損失が一兆円あまり、期末の累積欠損は五・三兆円を棚上げして特定債務整理特別勘定に移したうえで、なお一・二兆円を残すというもので、負債残高が一五・六兆円に達する深刻な状況にあった。しかも、これは国から六七六一億円の補助金の交付を受けたうえでの数値である。

一方、一九七九年の「日本国有鉄道の再建について」の閣議了解を受けて日本国有鉄道経営再建促進特別措置法が制定され、国鉄自身が策定する「経営改善計画」による再建が始まることになった。

この独自の再建策では、一九八五年度までに職員「三五万人体制」を実現することと、特定地方交通線の廃止を目玉としていたが、大幅な国による助成を前提としたものであり、臨調委員から「甘すぎる」と酷評されることになる。

特定地方交通線は三次にわたって廃止され、第三セクター鉄道や代替バスへの転換を実現したが、これには転換交付金や転換後五年間にわたる経常損失の半額についての国からの助成が用意されていた。国鉄の再建策は運賃値上げ、ローカル線の分離、人員削減の一方で、国からの財政援助を重要な要素としていた。

これに対し、臨調は当初から国鉄の分割民営化を念頭に置き、各社の自立と採算を重要視していた。一九八二年五月の第四部会報告の段階で、不採算部門である特定地方交通線の廃止を進めるのに加えて、採算をとることの難しい北海道、四国、九州地域を分離して本州地域の採算化を図ることがすでに明記されていた。この臨調の方針が国鉄再建監理委員会に継承され、一九八七年四月一日の国鉄解体、分割民営化につながることになるのである。

国鉄を分割民営化した際に各社の税引き前当期利益が営業収益の一％となるように、巧みに利益調整が講じられた。

採算可能な本州三社と不採算必至のＪＲ三島会社のあいだの調整措置として、たとえば旧国鉄の膨大な債務のうち、営業中路線にかかる簿価相当分がＪＲの負担として引き継がれたが、利益が見込まれないＪＲ三島会社は免除された。

ＪＲ本州三社とＪＲ貨物のあいだでも、引き継がれる負債額が微妙な計算のもとで調整が図られた。それに加え、国鉄末期のヤード系貨物廃止などの大規模な合理化で人員の削減が図られたが、ＪＲ本州三社には所要数を超えた、いわゆる余剰人員が引き継がれた。

また、ＪＲ本州三社間の利益調整措置として、新幹線施設をＪＲから分離して新幹線鉄道保有機構に引き継がせ、ＪＲ本州三社は使用料を支払って使用するが、その使用料は路線別の資産価値なり建設費用や利子とは無関係に将来の収益の差によって決定した。当然、建設時期が古くて償却ずみの資産が多いために簿価が低い東海道新幹線が、収益性の高さを根拠に、営業中の新幹線のなかでいちばん多くの使用料を支払うことになった。

その後、一九九一（平成三）年一〇月に新幹線施設がＪＲ本州三社に譲渡されたが、その譲渡価格はＪＲ移行時の簿価の五・六五兆円から再取得価格の九・一七兆円に再評価したうえで、各社に収益率に応じて配分された。

この段階で新幹線施設は再取得価格で譲渡されることになったが、ＪＲ発足時に引き継がれた在来線の土地や施設は比較的低額の簿価であった。ここにも新幹線と在来線の収益率の格差を反映させていた。

結果的にＪＲ本州三社のなかで、在来線の比率が大きく、新幹線の負担も低く抑えられたＪＲ東日本に有利な措置であったが、これは当初、ＪＲ東日本がＪＲグループを統括するという考え方が政府の一部にあったことを反映したものであった。

しかし、不採算が予想される北海道、四国、九州各社の欠損補塡の方法については、一九八五（昭和六〇）年七月に提出された再建監理委員会答申まで提示されることはなかった。臨時行政調査会の本来の趣旨は行財政の改革であり、許認可や補助金制度の整理、縮小を目的としていた。もとより巨額な補助金制度の新設がすんなり通るわけはなかった。

そこで工夫されたのが経営安定基金である。国鉄が必要な資金を借り入れ、これを三島各社に継承して経営安定基金にするというものであるが、移行時点では基金の全額が旧国鉄を引き継いだ国鉄清算事業団に寄託され、過去一〇年間の国債の利子の平均値にあたる七・三％に相当する額が各社に支払われるというものである。この寄託された基金は二年間据え置かれたのち、半年に一回ずつ八年にわたって返還され、各社の自主運用に任されることになるのである。

基金の調達に要した負債は、そのまま清算事業団のもとに残ることになり、いずれは国が処理しなければならない負債ではあるものの、補助金で交付するのではなく、基金にすることによって自立性と経営責任を明確にすることが保証されることになった。

基金総額は再建監理委員会が提示した時点では一兆二〇〇〇億円であったが、一九八六年一〇月には運輸省は一兆一八四〇億円と計算、同年末には将来の消費税導入と金利低下が予想されることによって一兆二四〇〇億円余（北海道六二〇〇億円、四国一九二〇億円、九州三七二〇億円）に基金を積み増すことになり、さらに最終的には一兆二七八一億円（北海道六八二二億円、四国二〇八二億円、九州三八七七億円）にまで膨らむことになった。

一九八七年度のこの基金の運用益は北海道四九八億円、四国一五二億円、九州二八三億円で、見事なまでに収支均衡を実現した。移行後二年目から四年間、毎年五～六％の運賃引き上げが予定されていたが、消費税調整が行われただけである。

ＪＲ三島会社をとりまく厳しい経営環境

一九九一（平成三）年はバブル経済が破綻して一気に経済活動が停滞してしまった。国内貨物流動の不振や海外旅行の減少というかたちでその影響が現れつつあったが、一九九一年度のＪＲ各社の決算を見る分には、国内旅客流動については依然として堅調に推移していた。

しかし、その後、金融機関の不良債権の処理や証券不祥事などによって経済活動の停滞が長引き、株式市場が低迷した。国鉄清算事業団のもとに残された負債整理のために急を要するＪＲ本州各社の株式上場も延び延びになっているうえに、放出株数の縮小を余儀なくされた。

同じく債務処理のために嘱望される用地売却も、地価自体が低迷しているのに加え、民間の余剰資金がタイトになっているために商談が成立しない状況が続いた。国鉄再建も端緒についたばかりの時期に、大きな試練に直面することになった。

国鉄再建の折に手厚く保護されたＪＲ三島各社であるが、いずれもその経営環境において困難な問題が浮上してきた。

四国は高速交通網の整備の立ち遅れが目立つ地域であったが、一九九一年三月に四国縦貫自動車道のいよ西条《さいじょう》－川之江《かわのえ》間三七・六km、一九九二年一月に四国横断自動車道の川之江－大豊《おおとよ》間二九・一km、高松西－善通寺《ぜんつうじ》間二一・七kmが開通し、四国を十字のかたちに結ぶ高速道路網が完成し、瀬戸大橋を経て初めて本州の高速道路とつながった。

九州では一九八九年度までに九州縦貫自動車道の門司－人吉間二五三・二km、えびの－鹿児島間六九・八km、えびの－宮崎間八二・五kmと、九州横断自動車道の長崎多良見《たらみ》－日田間一四九・二km、湯布院《ゆふいん》－別府《べっぷ》間二三・九kmの高速道路網が完成した。バス会社の積極的な高速バス路線の開拓の動きもあって、JRの長距離旅客への影響が予想された。

一九九一年度のJR各社の決算の特徴は、本州三社が新幹線を譲り受けることによって営業費用中のリース代金の支払いが減り、その一方で減価償却費が増加、それに長期債務（固定債務）の増加による支払金利の増加分が営業外費用に加わっている。

この効果は決算には半期分しか織り込まれていないというものの、前年度に比べ、各社の経常利益は東日本が四一六億円、東海が一二二億円、西日本が二一四億円の大幅な減額となっており、株式上場を目指すためとはいえ、今後の経営に対する影響が危惧された。

ところで、JR三島各社の決算については、北海道と九州の二社は大幅な列車増発や積極的な営業展開によって営業収入、営業費用とも大幅に増額になったが、営業収入の増加が若干上回って、その分、営業損失の減額をもたらした。北海道、九州とも鉄道事業における巧みなマーケティングによる効果的な増発が、依然として経営に寄与する重要な戦術であるということを明らかにしていた。

一方、四国は三社中、唯一鉄道事業の営業収入が減少した会社として目立った存在であったが、これは鉄道事業収支に算入されていた直営店舗収支を関連事業に移したことによるもので、旅客運輸収入で見ると、前年に比べて一〇億円あまりの増加となっている。営業費も同様な理由で四〇億円あまりの減額となって、営業損失の二一億円の減少をもたらした。

しかし、これはそのまま「その他事業」の営業損失の二五億円の増加となっているだけで、結局、前年度と大差ない決算に落ち着いたということができる。しかし、ＪＲ四国の快挙は当期末未処分利益（累積利益）が一三三億円となることから、そのうち一〇〇億円を利益積立金として将来の経営の安定のために準備することにしたことである。

なお、三社とも相変わらず大幅な営業損失を計上していたわけであるが、これらは経営安定基金の運用益によって埋め合わせられ、結果として、各社とも若干の経常利益を実現した。

一九九一年度はＪＲ北海道もＪＲ四国に続いて初めて経営安定基金運用益が営業損失を補填してなお余ることになったが、経営安定基金が未来永劫頼りになるというわけではなく、その後の低金利時代のなかでは、経営安定基金の自主運用によって従前の利益を確保することが難しくなる。著者は当時、「基金の積み増し、収益性の高い兼業部門の開発あるいは鉄道事業単独での収支均衡を目指さねばならないことになるであろう」と、コメントした。

経営安定基金の毎年増加する自主運用額については、自前で運用しなければならないが、清算事業団に寄託して得られる利益率の年七・三％を確保することはほとんど不可能である。現に一九八九年ないし一九九〇年の自主運用分の利回りは六％台後半ということであり、その後の金利の低下によるいっそうの運用益の減少が現実のものとなっていった。

ＪＲ九州は一九九一年四月中期経営計画で一九九六年度に株式の上場を目指すことを表明した。経営安定基金の運用益に頼っての上場には批判もあったが、ＪＲ九州は国鉄清算事業団が持つ株式の売却益が国鉄債務の償還に貢献することを強調した。

このように、決して順風満帆とはいえない各社の経営環境であるが、将来に向けての各社の経営を堅固なものにするためには、本業の鉄道部門の収益性を高める必要がある。そのためには、ひとつには国鉄時代に長く怠ってきた労働生産性を高める省力化や合理化の努力であり、また二つには商品である列車の高級化と高速化の推進である。

そういう意味では、ＪＲ各社の列車のワンマン化と信号、連動装置自動化、ＣＴＣ化などや、一九九二年七月の九州の７８７系特急「つばめ」、四国の８０００系振子式電車特急などの開発がその方向性を示しているだろう。

一九八八年三月以降、ＪＲ各社は列車のワンマン化を推進した。なかでも西日本と四国での実施が進んでいるようである。それと同時に線区単位での職場の統合と権限の委譲を進め、九州は鉄道事業部、北海道は運輸営業所を設置している。九州は一九九一年六月一日に唐津、一九九二年六月一日に霧島《きりしま》、人吉の各鉄道事業部、北海道は一九九〇年七月以降日高線、根室東線、宗谷北線の各運輸営業所を設けた。

ローカル線改革の切り札となった権限委譲

地方交通線のうち、旅客密度が四〇〇〇人を超える路線および、それ以下でも一時間あたり片道最大一〇〇〇人を超える路線が国鉄の経営する路線として残された。

ＪＲ発足直後、ＪＲ各社とも好景気に支えられ、その経営は堅調に推移していたことから、一般には各社の経営体質について心配する向きは見られなかった。しかし、三島会社についてはＪＲ発足にあたって配分された経営安定基金の運用利益によって順調に経常利益を計上していたものの、国鉄清算事業団から徐々に返還される経営安定基金の自主運用の問題があった。

ＪＲ西日本については、その経営する路線の大半が不採算のローカル線であるという特殊事情を抱えていた。一九九〇（平成二）年三月末日に鍛冶屋《かじや》線、宮津《みやづ》線（現・京都丹後鉄道宮舞《みやまい》線、宮豊《みやとよ》線）、大社《たいしゃ》線が廃止され、特定地方交通線の転換が終了したことから、さらにJR各社とも投資余力を持つこの時期に、ローカル線の体質改善を図る必要性を感じていた。

そこで、線区単位で経営責任を持たせる意味で、北海道は運輸営業所、東日本は営業所、西日本は鉄道部、九州は鉄道事業部を設置した。経営企画の権限を線区単位にまで降ろし、線区レベルで地域に密着した営業を展開して増収を図り、その一方で職制を統合して要員配置の効率化を進め、コスト削減を図るという考えである。国鉄時代の管理所のリバイバルということになった。以下にJR北海道の例を示す。

日高線運輸営業所

JR北海道はJRのなかでも最も経営体質の弱い会社といわれている。函館本線、根室本線、室蘭本線、千歳線、石勝線以外のすべての路線が地方交通線で、幹線系路線でも唯一、札幌都市圏の一部区間が採算的に成り立つ可能性を持つにすぎない。

そこで、ローカル線の経営合理化策として、一九八九年七月に日高本線に運輸営業所を

キハ130形気動車

設置した。従来は鉄道事業本部に権限があった企画や運行管理などの計画部門はもとより、保線などの設備管理から運転業務や車両検修までを管轄することになった。すなわち、日高本線に関する大幅な権限が運輸営業所に与えられることになった。

一九八八（昭和六三）年一〇月にキハ１３０形五両を投入して翌年七月から一日八本の列車をワンマン化、一九九〇（平成二）年七月にはキハ１３０形六両を増備してワンマン運転を全列車に拡大した。一九九四年夏には静内《しずない》発六時一一分発普通三両編成を日曜祝日のみ二両に減車し、浮いた一両を使って静内発苫小牧行き快速「アポイ」を運転した。

花咲線運輸営業所

一九九〇年七月一日に根室本線のうち東釧路–根室間に花咲線という愛称をつけて運輸

営業所を設置した。幹線系路線ではあるものの、末端区間での輸送密度は低く、また石勝線側の区間とは異なり、地域需要に依存する部分が大きいため、地域に密着した営業展開をすることを意図していた。列車ダイヤの設定、車両の運用、予算執行などの権限が所長に与えられ、所長、企画・総務、運輸・営業、設備管理、運転計画、根室駅と厚岸駅の現業機関で構成されることになる。

花咲線運輸営業所の設置当初は、車両は釧路運転所に配置されていたが、一九九二年度からは独自に管理することになった。花咲線には国鉄末期に新製されたステンレス製のキハ54形500番台を中心に投入し、一九九〇年九月からはワンマン運転を実施している。釧路運転所については一九九一年一一月一日から釧網本線全列車のワンマン化を実施したのに合わせてキハ40形八両をワンマン化改造し、うち二両を花咲線に投入した。また、一九九三年三月一八日改正からは根室本線の残りの区間である滝川－釧路間についてもワンマン化を実施した。一九九二年度末までに釧路運転所のキハ40形のワンマン化改造を終えている。

宗谷北線運輸営業所

一九九〇年一一月一三日には宗谷本線のうち名寄‐稚内間を対象に、宗谷北線運輸営業所を設置した。

名寄を本拠にして計画と現業の二部門を置き、計画部門には運行管理、営業・運輸、企画・総務、設備管理、現業は名寄駅など八駅と旅行センター名寄支店、名寄と稚内の工務所を廃止して名寄、音威子府《おといねっぷ》、幌延、南稚内駅に保線、電気、運転業務を統合。停留所化されていた美深《びふか》、天塩中川《てしおなかがわ》、豊富に駅長を復活した。

車両は一九九二年度には同所にキハ53形５００番台七両が配置され、ワンマン化改造のうえ、一九九三年三月一八日改正から管内ローカル列車のすべてがワンマン化された。

一九九二年には運輸営業所の機動性を生かし、夏のあいだ、沿線高校からの要望に応じ、クラブ活動後の帰宅用に名寄止まり二〇時五三分を音威子府まで延長運転した。また、毎年初夏にはサハリンへのツアーの企画が恒例化した。

崩れゆく鉄道の優位性

ＪＲ三島会社は経営基盤確立の手立てとして高速化を推進した。その背景には全国的な高速道路網の拡張に対する危機感があった。自家用車の利用が増えただけではなく、高速バスのネットワークが急速に拡大していったからだ。

列島を縦横に貫く高規格自動車道路は、一九八七（昭和六二）年に策定された高規格幹線道路網計画では国土開発幹線自動車道約一万一五二〇km、一般国道の自動車専用道路約二四八〇kmからなる一万四〇〇〇kmにおよぶ高規格幹線道路網を二一世紀初頭までに整備することが示された。二〇〇〇年までに約九〇〇〇kmの供用を目指すというものである。

今日《こんにち》、陸上の物流の中心は鉄道から道路交通に移っており、産業活動にとって重要な動脈として位置づけられる。全国的な高速道路の整備は地方での産業開発を進めるうえで欠かせない社会基盤を提供することになるという趣旨である。

北海道の高速道路は一九七一年一二月四日に北海道縦貫自動車道の千歳－北広島間二三・三kmと北海道縦貫自動車道の小樽－札幌西間二四・三kmの供用が開始された。当初、小樽－札幌西間は一般有料道路として開業し、最高速度が一般の国道と同じであったが、一九七三年に高速道路に編入された（図表25）。

一方、航空については、一九九六（平成八）年度から第七次空港整備五箇年計画が実施された。一九九六年度末には東京国際空港沖合展開が完成、関西《かんさい》国際空港の二期工事平行

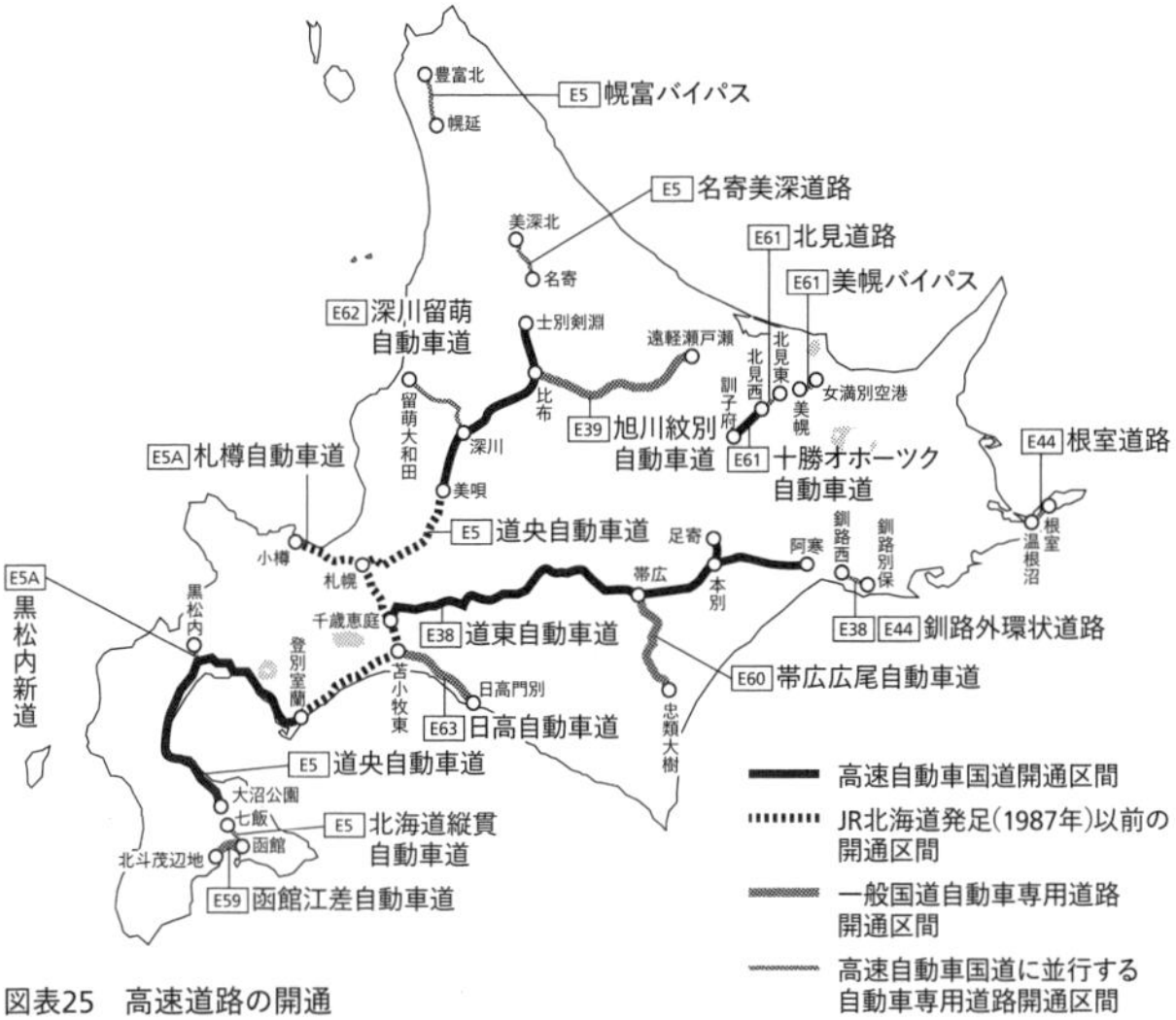

図表25　高速道路の開通
出典：北海道 http://www.hokkaido.cci.or.jp/kousoku/data1.pdf

滑走路の建設に着手する予定が示された。さらに中部国際空港の検討も進んだ。一方で、地方空港の新設や滑走路の延長によるジェット機の就航など、国内航空輸送の整備も急速に進められている。

国内の基幹交通手段として鉄道、道路、航空がともに成り立つなら問題ないが、市場規模はそれほど大きくない。かつて鉄道の独占の時代には複数の鉄道が競合することによるムダが問題とされた。

鉄道のように資本設備が巨額になる産業は、かぎられた市場規模に対して生産規模が拡大するほど平均費用水準が低下する。これを費用逓減産業と呼ぶ。このような市場に複数の鉄道が営業すると、他社を市場から排除すれば、より低い費用で操業できるのであるから、値引き競争に陥ることになる。最後は一社に市場が独占されるが、撤退した鉄道の設備は容易に転用がきかず、ムダになってしまう。

今日《こんにち》では鉄道の独占が崩れたが、新たに鉄道、道路、航空のあいだで同じ問題が生じているのではないだろうか。やっかいなのは、それぞれの整備の枠組みに差があることである。道路は元・道路整備特別会計、航空は元・空港整備特別会計によって目的税の収入などで整備された。それに対し、鉄道は基本的に運賃収入を財源に整備が進められた。イコール・フッティング（競争のための共通基盤）が成り立っていないのである。

生き残りの道は「高速化」しかない

鉄道事業は規制産業であり、地域独占が認められる代わりに運賃規制が課されているのであるが、運賃は基本的には総括原価方式による公正報酬率で決定されるため、原価が上昇して経営が難しくなると、安易に運賃を引き上げられることになっていた。

しかし、ＪＲ三島会社は現実に経営環境が次第に厳しさを増しており、必ずしも運賃の引き上げが運賃収入の増加に結びつかない。すなわち、鉄道事業というのは、もはや独占事業ではなく、航空路線網の拡充や全国的な高速道路ネットワークの整備により、都市間の幹線交通から地域交通にわたって、競争の荒波にさらされているのである。

鉄道事業が独占市場であったころには、ほかに交通手段がないのであるから、運賃が高くても、それが支払えないほど高額でないかぎり、旅客はそれを耐えて鉄道を利用した。つまり、高運賃、低サービスが成り立ったのである。

競争下の市場においては、運賃水準が庶民の所得水準に比べて割高である場合には運賃のわずかな低下が需要を大きく増加させた。

しかし、今日《こんにち》のように所得水準が上昇し、運賃負担の所得に占める比率が低下すると、運賃の低下は旅客の増加に結びつきにくい。むしろサービス水準を高めることが重要となる。運賃を若干上昇させたとしても、スピードアップや車両設備の改善などを行うことによって十分需要を増やすことが可能なのである。いまや鉄道事業には高運賃、高付加価値のマーケティングが求められているといえる。

宮崎県延岡《のべおか》市に立地する旭化成《あさひかせい》延岡支社は社員一万人が働く大工場で、東京や大阪への出張が年一万人にも達していた。しかし、日豊《にっぽう》本線の列車本数が少なく、宮崎空港までのアクセス交通が不便とあって、阪急《はんきゅう》航空のヘリコプターをチャーターし、支社と宮崎空港とのあいだを定期的に運航していた。このヘリコプターが一九九〇（平成二）年九月に日向《ひゅうが》市内の山中に墜落して乗員、乗客一〇人全員が死亡する事故を起こす。この事故が契機となって、旭化成は宮崎‐延岡間の高速化を要望。工費二五億円のうち三億円を負担し、一九九三年度に完成することになった。さらに、宮崎県とJR九州は宮崎空港線を建設し、延岡‐宮崎空港間のアクセスは大幅に改善される。

一方、新潟県では一九九七年に北越急行が開業し、越後湯沢《えちごゆざわ》から北陸方面に特急列車が発車することになった。特急「はくたか」は時速一六〇kmという在来線での最高速運転が行われたが、北越急行は国鉄時代の建設凍結路線の高規格化路線であることから、新幹線規格で建設してそのまま上越新幹線に乗り入れることは技術的に不可能であったという。

新幹線規格での建設が検討されたかどうかは別として、軌間一〇六七mmのまま時速二〇〇kmないし時速一六〇km運転するスーパー特急で計画された北陸新幹線日本海ルートの事実上の延長路線のかたちをとることになった。そのため、越後湯沢では上越新幹線に直通できず、越後湯沢での乗り換えを要することになった。同一ホームでの乗り換えでないかぎり、乗り換えの障害はスピード以上にサービスのマイナス要因である。

これでは石川県、福井県などからの北陸新幹線の長野経由、全線フル規格化の要求をかわず効果的な対案にはならなかったため、結局、フル規格による北陸新幹線が金沢まで営業を開始し、北越急行のルートは「はくたか」の全廃にともなってスピードダウンし、ローカル列車中心の運行を行っている。

ローカル線建設から幹線高速化へのシフト

かつて国鉄時代には長い技術の停滞を経験したが、ＪＲ発足後はその遅れを取り戻すかのように急速に車両技術や線路構造の水準が向上した。ＪＲ各社とも新型車両を導入してメンテナンス・フリー化や動力費の低下といった経営上の効果とともに、乗り心地の改善やスピードアップが大きく促進されることになった。

たとえば、ＪＲ北海道のキハ２８１系振子式特急形気動車、ＪＲ東海のキハ85系特急形気動車、ＪＲ四国の８０００系振子式特急電車、ＪＲ九州の７８７系、８８３系特急電車など、各社は特徴のある新型車両を投入した。スピードアップとともに個性的な車両自体がセールスポイントと位置づけられている。

個々の列車にとどまらず、ＪＲ東海は新幹線「のぞみ」と特急「ワイドビュー南紀《なんき》」「ワイドビューひだ」を組み合わせたセールスを展開した。鉄道がたんなる移動手段で、時間の浪費として捉えられていたのに対し、移動時間自体を有意義に楽しむというようになってきたといえるだろう。そういう意味では、たんなるスピードアップだけでは、これからのマーケティングでは不十分といえる。速いことはもちろん望ましいことであるが、それだけではなく、楽しい乗り物でなければならない。

JR在来線の高速化は鉄道事業のマーケティングの根幹をなす問題であるから、強く企業性に関連している。高速化こそ近年の市場の競争化を生き抜く切り札だと認識したなら、JRみずからが自己の判断で、自己の資金でもって進めていくべきである。

しかし、現実には地方幹線を中心にJRの利益よりむしろ地方自治体、あるいは国の利益に関連することが少なくない。そういったJRの収益に貢献しないようなケースに対しては、国や自治体が積極的に資金的な支援を行わなければならない。

JR各社が自身で行った高速化プロジェクトに北海道の函館-札幌間、東日本の常磐線上野-日立《ひたち》間、中央本線の八王子《はちおうじ》-松本《まつもと》間、東海の高山《たかやま》本線、身延《みのぶ》線、西日本の湖西線、北陸本線、四国の予讃線、土讃《どさん》線などが思いつく。地方自治体が単独で支援した例としては、三重県の伊勢鉄道、宮崎県の日豊本線宮崎-延岡間、千葉県の外房《そとぼう》線などが挙げられる。三重県のケースは伊勢神宮の式年遷宮に合わせて名古屋からのルートとなる関西《かんさい》本線と伊勢鉄道の一部複線化と線路改良を実施した。

国による助成策として、鉄道整備基金による補助金や無利子貸付の制度が用意された。補助金は幹線鉄道活性化事業費補助金で、一九八八（昭和六三）年の山形新幹線プロジェクトに際して創設された。第三セクターが実施する新幹線と在来線の直通や高規格化を対象に、全事業費の八割を対象に、その二割ずつを国と地方自治体が補助するというもの。その後は北越急行や、根室本線の札幌‐釧路間の高速化を対象とした。北越急行、根室本線ともに一九九七年に完成することになる。そこで、一九九七年度には新規にＪＲ北海道の宗谷本線旭川‐名寄間、ＪＲ九州の豊肥本線熊本‐肥後大津間が対象事業として加わった。

無利子貸付の制度は幹線鉄道整備費貸付金で、一九九一（平成三）年に創設された。全体事業費の八割にあたる対象事業費の五割ずつを国と地方自治体が無利子で融資するというもの。国と自治体が融資するその資金の利子相当分が補助金と同じ性格を持つことになる。国と自治体の実質的補助率は二五％ずつとされている。

対象プロジェクトは智頭急行の高速化、日豊本線の小倉‐大分間高速化、宮福線と山陰《さんいん》本線の園部《そのべ》‐天橋立《あまのはしだて》間電化と高速化、秋田新幹線の新在直通化、高徳《こうとく》線の高速化であった。

第六章

ＪＲ北海道が輝いていた時代

バブル経済で豪華車両が続々登場

JR北海道はJRが発足した一九八七（昭和六二）年度に七二六億円の鉄道事業営業収益で始まった。

翌年三月に青函トンネルを含む中小国《なかおぐに》―木古内《きこない》間の津軽海峡線が開業し、一九八八年度の鉄道事業営業収益は八一一億円に増加した。

JR北海道の鉄道事業営業収益は青函トンネルの開通とリゾート開発によって増収が続き、バブル崩壊の一九九一（平成三）年には八九五億円となった。その後、増収のペースが落ちたものの、一九九六年度の九三〇億円まで増加したが、一九九七年四月の消費税率の引き上げにともなう本格的消費不況のなかで減収に転じた。

北海道内のリゾート開発に資金を供給していた北海道拓殖銀行がバブル期の不良債権処理問題をきっかけにして一九九七年に経営破綻したのも大きく影響した。

JR発足当時はまだバブル経済の真っ只中で、一九八七年には総合保養地域整備法（リゾート法）が制定され、全国規模でリゾート開発が進んでいた。

北海道ではリゾート法の重点整備地域指定第一号として「北海道ニセコ・羊蹄《ようてい》・洞爺湖《とうやこ》周辺リゾート地域整備構想」が立ち上げられ、一九八三年にアルファリゾート・トマム

（占冠村）、一九八五年にサホロリゾート（新得町）が開業した。いずれも一九八一年に開業した石勝線の沿線であり、開発当初から国鉄がかかわっていた。

国鉄はリゾート施設とタイアップし、一九八五年冬にキハ56系気動車を改造したジョイフルトレイン四両編成を投入した。ホテルアルファトマムと狩勝コンチネンタルホテルの名称を組み合わせて「アルファコンチネンタルエクスプレス」と名づけられた。JR発足後もジョイフルトレインの投入を続けた。

急行の特急格上げや廃止によってキハ56系急行形気動車が余剰となっていたため、JR北海道初のジョイフルトレインの種車として決まった。

最近、リゾート列車やクルージングトレインが持てはやされているが、北海道は観光列車の先進地だったのだ。

一方で、合理化のため、一九八六年にはキハ56形にキハ56形ないしキハ27形の運転台を組み合わせて両運転台に改造したキハ53形５００番台一〇両も投入された。当初は急行の増結用に使われたが、基本的には普通列車の冬季の安定輸送のために機関を二基搭載した車両を投入し、従来は二両編成で運行していた列車を単行（一両編成）ですませることができるようになった。

一九八八年にはキハ27形を改造して函館本線函館–札幌間の夜行快速「ミッドナイト」用に二両編成二本を投入した。高速バスの拡大に対抗し、普通運賃だけで利用でき、雑魚寝が可能なカーペットカーとリクライニングシートを装備したドリームカーに改造された。予備車なしで運行していたが、シーズン中には三両編成に増結するため、一九九〇年に二両を追加した。

「ジョイフルトレイン」の誕生

ジョイフルトレインは一九八六（昭和六一）年冬から富良野プリンスホテルとタイアップして「フラノエクスプレス」三両編成が投入された。旧型のキハ82系特急形気動車三両を改造し、中間のキハ83形は全室ハイデッカーの車体を新造。両端のキハ84形は半室ハイデッカーで、運転士の頭越しに前面が展望できる構造である。先頭のデザインは「アルファコンチネンタルエクスプレス」に似ているが、丸みがついた。

一二月二〇日から団体列車として運行を開始した。翌年六月にはフリースペースのラウンジカーを追加して増結し、四両編成となった。

ＪＲ北海道になってからもジョイフルトレインの開発に積極的に取り組み、一九八七年

アルファコンチネンタルエクスプレス（左上）、フラノエクスプレス（右上）、
トマムサホロエクスプレス（左下）、ニセコエクスプレス（右下）

一二月にはジョイフルトレインの第三弾として「トマムサホロエクスプレス」を投入した。

　当初はキハ82系改造のキハ84形二両とキハ83形一両の三両編成で、札幌－トマム間で運行を開始したが、翌年四月に食堂車キシ80形一両、続いて同五月にキハ83形一両を増結し、最終的に五両編成となった。先頭形状は「フラノエクスプレス」に似ているが、食堂車を除いて全室ハイデッカーである。

一九八七年度の冬シーズンにはジョイフルトレインによるスキー客が八万八〇〇〇人を数えた。この傾向は夏シーズンにもおよび、翌年の夏には六万六〇〇〇人を数えた。

好調なジョイフルトレインの輸送力を増強するために、一九八八年にジョイフルトレインの第四弾として「ニセコエクスプレス」を社内の苗穂《なえぼ》工場で製造した。キハ183系の時速一二〇㎞対応の最新型NN183系(キハ183系550、1550番台)をベースにしたキハ183形5001、キハ182形5001、キハ183形5002の三両である。新千歳空港とニセコを結ぶ臨時特急「ニセコスキーエクスプレス」として使用を開始した。

夏シーズンにはほかのジョイフルトレインとともに、全日空(ANA)の企画ツアー「ビッグスニーカー」の専用列車としても使用された。

青函トンネルの開業

JR発足直後に国鉄時代の巨大プロジェクトだった青函トンネル(津軽海峡線、現在は北海道新幹線と共用)と本四架橋の瀬戸備讃ルート(本四備讃線)が開業した。

青函トンネルは一九三九(昭和一四)年六月に鉄道省が下北《しもきた》半島の大畑《おおはた》と大間《おおま》のあいだ

の新線建設を調査した際に、津軽海峡のトンネルの調査を省内の技術研究所に委託したことに始まる。戦後すぐに運輸省鉄道総局において「津軽海峡連絡隧道《ずいどう》調査法打合せ会議」が開かれ、非公式の「津軽海峡連絡隧道調査委員会」が設置された。

戦前の対馬《つしま》海峡に海底トンネルを建設する構想があったが、その計画を推進した技術者が場所を青函トンネルに変え、夢の実現に向けて動き始めたのであった。

しかし、一九四九年にGHQ（連合国軍最高司令官総司令部）から作業の中止が命じられたため、一九四九年度を最後に中断することになる。一九五〇年春にそれまでの調査の結果がまとめられ、「青函トンネルは掘削可能である」との見解が示された。

一九五一年にサンフランシスコ講和条約が締結され、日本が再独立を果たしたことから、青函トンネルの調査の再開の機運が生まれた。

そんなとき、一九五四年九月二六日に台風一五号が襲来し、いったん風雨が弱まったのを台風の通過と誤認して連絡船を出航させたために、国鉄青函連絡船の洞爺丸、第一一青函丸、連絡貨物船十勝《とかち》丸、日高丸、北見丸の五隻が沈没した。洞爺丸は台風によるダイヤの乱れで約一三〇〇人の乗員、乗客でごった返していた。そのうち一一五五人が死亡するという大惨事となった。

洞爺丸遭難事故を契機にして、世論は青函トンネルの計画を後押しした。一九五六年二月に国鉄は本社内に「津軽海峡連絡隧道技術調査委員会」を設置し、小倉俊夫《おぐらとしお》副総裁を委員長に就任させた。

この結果を中間報告書にまとめあげ、一九五六年五月十河信二《そごうしんじ》国鉄総裁に提出された。その内容は青函トンネルの建設は可能であること、工期は一〇年、工事費は約六〇〇億円というものであった。

一九六三年八月一二日に国鉄常務会は青函トンネル試掘調査の開始を決定した。九月北海道側で調査坑の掘削の準備工事（坑口の整備など）に着手。一九六四年四月二一日にはあいにくの雨のなか、青函トンネル調査斜坑の起工式が北海道側の建設基地が置かれた吉岡《よしおか》でとり行われた。五月八日には調査斜坑の建設を開始した。

この時点で、青函トンネルの工事は新しく設置された日本鉄道建設公団に引き継がれていた。公団は一九六四年三月二三日に発足、太田利三郎《おおたりさぶろう》が総裁、篠原武司《しのはらたけし》が副総裁に就任した。そして、運輸大臣は公団に対して青森県三厩村《みんまや》（現・外ヶ浜町《そとがはま》）－北海道福島町《ふくしま》間の津軽海峡線を調査線として実施することが指示された。現地事務所も「青函トンネル調査工事区」から「青函トンネル調査工事事務所」に名称が変わった。

本州側でも竜飛《たっぴ》に建設基地が建設され、一九六四年一〇月に準備工事に入り、一九六六年三月二一日斜坑の掘削を開始した。

日本鉄道建設公団は一九七〇年五月に調査坑の掘削によって青函トンネルの建設が可能であるとする中間報告書を運輸大臣に提出した。これを受けて、同年九月一六日第五二回鉄道建設審議会の答申にもとづき、翌年四月一日に青函トンネルを含む津軽海峡線は「調査線」から「工事線」に格上げされることになる。

折しも一九七〇年五月一八日には「全国新幹線鉄道整備法」が公布され、新幹線網は津軽海峡を越えて北海道まで延びることが決まった。

公団は一九七一年六月一日に津軽海峡線の建設を担当する青函建設局を発足させる。再度の見積書の提出など混乱があり、発注先はなかなか決定しなかったが、最終的に年度末近くの一九七二年三月八日、竜飛工区は二六四億円で鹿島《かじま》グループ、吉岡工区は二八九億円で大成《たいせい》グループに決定した。

請負契約の締結が大きく遅れたため、すでに北海道側は一九七一年一一月一四日、本州側は一一月一五日に起工式は終わっていた。全体工期を約八年とした一九七九年三月の完成予定で、海底部の本坑工事は逆算して七年以内に完成する必要があった。総工費は二〇一四億円である。

一九七九年九月二一日に竜飛工区の先進導坑と作業坑がつながり、一九八〇年三月九日には吉岡工区でも貫通する。その後、一九八三年一月二七日に北海道と本州から掘り進められた先進導坑が海峡の中央部の海底下で貫通を果たした。さらに、一九八五年三月一〇日に本坑トンネルも貫通し、同年四月二二日に本坑の工事を完了した。

一九八八年三月一三日に津軽海峡線八七・八kmは開業した。そのうち、青函トンネル部は五三・八五kmである。工事費は六五七五億円で、青函トンネルの工事費はうち五二二一億円となる。

完成予定は当初計画の一九七九年から、一九七六年には三年間の繰り延べ（一九八二年まで）を決定していたが、それもさらに三年遅れることになった。

完成が遅れているうちに社会状況が大きく変わり、本州と北海道のあいだの流動は航空やカーフェリーに転移していた。工事が完成するころには国鉄も分割民営化されてＪＲに変わっており、青函トンネルの必要性は大きく低下していた。一九八三年四月に運輸大臣の諮問機関として「青函トンネル問題懇談会」を設置し、民間財界や学識経験者によって真剣に利用方法が協議された。

結局、新幹線が開業するまでのあいだは在来線の線路をつないで旅客列車や貨物列車を運行することが決定した。

「一本列島」誕生によるダイヤ改正

一九八八（昭和六三）年三月一三日に津軽海峡線が開業した。「一本列島」とは青函トンネルを挟んで青森と函館を結ぶＪＲ東日本とＪＲ北海道の路線を合わせた通称である。

本州と北海道がトンネルで直結されたことにより、一九八八年度の前期の旅客数は前期比一三〇％となり、北海道の人口が五七〇万人であるのに対し、来道観光客は二八〇万人に達した。

津軽海峡線の開業にともない、上野‐青森間の寝台特急三往復（うち一往復は臨時）を札幌まで延伸して「北斗星」と名づけた。上野‐青森間は東北本線経由の特急「はくつる」と常磐線経由の特急「ゆうづる」のあわせて六往復（季節列車二往復、臨時列車一往復）を運転していたが、そのうち四往復は電車寝台であった。そのうち客車寝台の二往復と電車の臨時列車一往復が札幌まで延伸したかたちとなる。

「北斗星三・四号」は臨時列車で、食堂車がつかない全車開放式Ｂ寝台であったが、七月二二日から特定日にかぎり、予備車を使って個室B寝台「ソロ」と食堂車を連結した。
そのほか、多客期にバイクを積載する「モトトレイン」、自家用車を搭載する「カートレイン」が運転された。大阪と青森を結んでいた寝台特急「日本海」も一往復が函館まで直通した。

当時の東北新幹線は盛岡までだったため、盛岡から函館まで特急「はつかり」二往復、青森 - 函館間に快速「海峡」を八往復新設した。「はつかり」はJR東日本の485系電車が使用され、「海峡」は座席を改造した51系客車をED79形電気機関車が牽引して運行した。客車、機関車ともにJR北海道の車両である。485系電車は他線区からの転用、51系客車は北海道のローカル列車を改造した。節約で始まったのだ。

このダイヤ改正では北海道内でも函館を発着する石北本線の特急「おおとり」の運転区間が旭川 - 網走間に短縮され、特急「オホーツク」に編入された。

JR北海道の初代社長の大森義弘《おおもりよしひろ》は国鉄末期に千葉鉄道管理局長を務め、分割民営化にあたって札幌都市圏の路線のダイヤを国電型に転換するために、東京(首都圏の管理局)からスタッフを連れて行った。

一九八八年三月一三日ダイヤ改正で、札幌 - 小樽間の快速「マリンライナー」を新規に設定し、午前中の下りと午後の上りが二〇分間隔で運転、また札幌－北広島・千歳空港間の普通列車のすべてを電車化するとともに、新たに快速「空港ライナー」一一往復を増発した。

そのほか、札幌－江別《えべつ》間を快速運転する区間快速「いしかりライナー」を新設し、小樽

寝台特急「北斗星」（上）と
快速「海峡」用の51系客車のカーペット車（下）

–札幌間の「マリンライナー」とあわせて札幌近郊部の速達輸送体制を整備した。

貨物列車も高速化を実現

北海道は日本の食糧基地として重要な位置を占めており、苫小牧や室蘭の周辺には重工業地帯が広がっている。本州とのあいだには大きな貨物流動があるが、内航海運あるいは青函連絡船を使った鉄道輸送しか輸送手段がなかった。

本州からの貨物は東青森の操車場で方向別に仕分けられ、青森駅から連絡船に数両ずつ分けて積み込まれた。連絡船の最後まで運航を続けた「十和田丸」の貨車の積載能力はワム換算（ワムとは有蓋型貨車。その一両分を示す指数）で四八両である。ワム80000形は延長換算一・二両（一般的な貨車の一・二両分の車長という意味）のため四〇両、コンテナ車は延長換算二・五両のため一九両程度を運べることになる。

東北本線では連絡船の輸送力に制約されるため、コンテナ車一八両九〇〇トンが一列車の最大輸送力に制限されていた。東海道・山陽本線では現在、二六両一三〇〇トンの貨物列車が走行している。

津軽海峡線が開通しても東京の隅田川《すみだがわ》貨物駅や各駅の有効長（駅に入線できる列車の長

さ）が変更されなかったため、一列車あたりの輸送量の変更はなかったが、新たに隅田川－北海道間に最高時速一〇〇kmのスーパーライナー一往復を増発した。

スーパーライナーは一九八六（昭和六一）年一一月一日のダイヤ改正で東海道・山陽本線を中心に設定された高速コンテナ貨物列車である。

一九八八年三月のダイヤ改正では東青森－札幌間の貨物列車を埼玉の新座《にいざ》貨物ターミナル－札幌間の直通コンテナ列車に置き換えた。これにより、関東と北海道を結ぶコンテナ列車は二往復増の一〇往復となった（図表26）。

また、本州と北海道を結ぶコンテナ列車が四、五時間の大幅な時間短縮を実現した。

例として、隅田川と札幌を結ぶ、改正後にスーパーライナーに格上げされたコンテナ貨物列車の所要時間を比較すると、下りは改正前は二一時間二三分かかっていたのが、改正後は一七時間六分に四時間一七分短縮。上りは二二時

	行先	従来	改正	比較
北海道発コンテナ列車	北海道内	12	12	±0
	東北	2	1	-1
	関東	8	10	+2
	東海	2	2	±0
	関西	2	2	±0
	九州	0	0	0
	種類	従来	改正	比較
津軽海峡線	コンテナ	14	15	+1
	車扱	3	3	±0
	計	17	18	+1

*このほかにコンテナ臨時列車２本

図表26　北海道発コンテナ列車の本数
出典:『貨物時刻表』ほか各種資料より筆者作成

	列車番号	発駅	時刻	着駅	時刻	所要時間
開通前	3051レ	隅田川	15:15	札幌	翌日12:38	21時間23分
開通後	3051レ	隅田川	12:46	札幌	翌日5:52	17時間6分
開通前	3050レ	札幌	15:23	隅田川	翌日13:44	22時間21分
開通後	3050レ	札幌	11:46	隅田川	翌日6:09	18時間23分

*開通後は最高時速100km運転のスーパーライナー

図表27　コンテナ列車のスピードアップ
出典:『貨物時刻表』ほか各種資料より筆者作成

間二一分が一八時間二三分になって三時間五八分短縮した。いずれも、翌日の早朝に目的地に到着して午前中に引き渡しできる便利なダイヤに変わった（図表27）。

「札幌駅高架化」によるダイヤ改正

一九八八（昭和六三）年一一月三日に札幌駅の高架化が完成したのに合わせてダイヤ改正を実施した。ＪＲ各社とも初年度の順調な実績を背景に大増発を内容とする強気のダイヤ改正となった。ＪＲ北海道は約二七〇〇kmの列車の増発を行い、収益源と期待される札幌都市圏の輸送力増強を進めた。

三月のダイヤ改正で札幌周辺の快速列車を整備したが、一一月には転換式クロスシートを備えた721系新型電車三両編成八本が完成したのにともない、従来は間隔が開いていた函館本線の札幌‐江別間に一五本、千歳線に一一本の増発を行い、完全電車化と運転間隔の均等化を実現した。

札沼線の桑園－新川《しんかわ》間に八軒《はちけん》駅を新設して六本を増発。室蘭本線では糸井《いとい》－苫小牧間に青葉《あおば》駅を新設して苫小牧－糸井間に五往復を増発。根室本線の大楽毛《おたのしけ》－新富士《しんふじ》間に新大楽毛駅を新設して釧路－大楽毛間に一往復を増発した。

富良野線については、前年にステンレス製でエンジンを二基搭載したキハ54形新型気動

721系近郊型電車（上）と
急行にも使われたキハ54形一般形気動車（下）

車を投入したほか、単線区間でのすれ違いの時間を短縮する安全側線を新設して旭川－美瑛間に一往復を増発した。

長距離列車についても、函館本線、室蘭本線、千歳線函館－札幌間の夜行快速「ミッドナイト」、石北本線旭川－北見間の特別快速「きたみ」が定期列車となった。

ＪＲ北海道にとっては、希望に満ちた船出であったといえよう。ＪＲ発足後の一五年間は、ＪＲ北海道も長距離列車の高速化や札幌圏の輸送力増強など、積極的に設備投資が行われた。鉄道事業は列車が売り物であり、車両の快適性が消費者である利用者にアピールするのである。そこで、ここからは少々冗長ながら、ＪＲ北海道の商品開発としての車両の新造と列車ダイヤの改編についてたどってみようと思う。

特急列車「時速一三〇km時代」に突入した幹線

一九八九（平成元）年は青函トンネルの開業ブームが沈静化したことで津軽海峡線の利用が減少した。また、北海道内でも高速道路網が本格的に展開したことにより、都市間輸送の旅客の減少があったのも特徴である。

国鉄は一九八六（昭和六一）年から北海道向けに正面貫通型のキハ１８３系特急形気動

車を投入していたが、将来の高速化を視野に入れた高性能車であり、ＪＲ発足後もこの車両の増備が続けられた。

一九八八年には函館本線の特急「北斗」の時速一二〇㎞へのスピードアップに対応したＮ１８３系改良型のＮＮ１８３系八両を新造した。「北斗」に運用していた既存のＮ１８３系についても高速化対応の改造を実施し、一九八八年三月ダイヤ改正で札幌‐函館間の時速一二〇㎞運転を開始した。また、札幌‐旭川間は軌道強化を実施して最高速度を時速一三〇㎞に引き上げた。いまでも東海道本線でさえ大阪地区を除いて最高時速は一二〇㎞である。

JR発足後に登場した785系特急型電車

時速一三〇㎞運転のため、７８５系新型特急電車三〇両を新造し、札幌‐旭川間の特急「ホワイトアロー」を置き換えて高速化。名称を「スーパーホワイトアロー」に変更した。急行「空知」「狩勝」の特急格上げ分を含め、札幌‐旭川間でＬ特急八往復を増発して二七往復に増強し、完全に三〇分間隔とした。

特急「スーパーホワイトアロー」は札幌‐旭川間を岩見沢、滝川、深川停車で一時間二〇分。L特急「ライラック」は岩見沢、美唄、砂川《すながわ》、滝川、深川停車で一時間三〇分の運転である。

JR北海道は鉄道の高速化を実施する一方で、高速バスの競合路線にも進出し、同年一〇月三一日から子会社のジェイ・アール北海道バスが札幌‐旭川間で高速バスの運行を開始した。

函館本線

千歳空港は自衛隊との共用空港であったが、北のソビエト連邦との最前線基地として自衛隊機の離着陸が増加していた。自衛隊機と交錯しない空港として隣接地に滑走路と旅客ターミナルビルを建設し、一九九二年七月一日新千歳空港が開業した。このターミナルビルの地下に新駅を設置し、「千歳空港駅」を改称した南千歳とのあいだに単線の新線を開業させた。

新千歳空港‐札幌間には快速「エアポート」を新設したが、その一部は旭川‐札幌間の

曲線の通過速度を向上した振子式のキハ283系特急型気動車

特急「ライラック」が直通運転した。この特急は従来、札幌でそのまま室蘭行き「すずらん」となり、途中で千歳空港に停車して空港アクセスの機能も果たしていた。

函館本線の函館‐札幌間についても、一九九四年三月一日のダイヤ改正で札幌‐長万部間の時速一三〇km化を実施した。札幌‐函館間をわずかに三時間を切る最速二時間五九分で結ぶ特急「スーパー北斗」を設定した。時速一二〇km化してからまだ七年しか経っていなかった。この時期は急速に高速化を推し進めていた。

「スーパー北斗」の時速一三〇km運転を実施するため、一九九三（平成五）年一二月に振子式特急形気動車キハ２８１系二四両を新造。一九九二年度に新造した試作車三両とあわせて二七両を営業に投入した。そのほかＮ１８３系、ＮＮ１８３系のブレーキ力の強化により、時速一三〇km運転対応の改造を実施した。

一九九八年四月一日ダイヤ改正で新型の振子式特急形気動車キハ２８３系一二両を増備し、「スーパー北斗」「北斗」一一往復のうち「スーパー北斗」を五往復から六往復に、同年一二月八日にはさらに七往復に増発した。また、函館駅での「スーパー北斗」と盛岡行きの特急「はつかり」との接続を一本から五本に拡大し、対本州の旅客の利便性を改善した。

札幌 - 旭川間の路線バスは、札幌を拠点とする北海道における最大手のバス会社である北海道中央バスが一九五八（昭和三三）年から運行を開始した。しかし、その後、国鉄の相次ぐ輸送改善により、一九七三年に撤退を余儀なくされた。

しかし、一九八三年に道央自動車道の札幌 - 岩見沢間が開通すると、翌年に「高速あさひかわ」の運転を開始した。当時、二階建てバスが導入されたことで話題となった。一九九〇年には道北バス、ジェイ・アール北海道バス（二〇〇九年度末まではJR北海道の直営）と共同運行している。

現行の二〇一七（平成二九）年四月一日実施夏ダイヤでは札幌 - 旭川間三七往復と、午前中は三〇分間隔、午後は二〇分間隔と頻繁に運行している。このうち紋別まで直通する「流氷もんべつ」が一往復、遠軽行きの「高速えんがる」一本を含む。「流氷もんべつ」「高速えんがる」には直行便があり、旭川を経由しないため、この三七往復には含めない。

石勝線、根室本線

札幌と道東を結ぶ石勝線と根室本線ではNN183系特急形気動車四両を増備し、一九九〇(平成二)年九月一日のダイヤ改正で札幌-帯広間に特急四往復を増発して五往復体制とした。これにより、札幌-釧路間の特急「おおぞら」六往復とあわせて一時間間隔の運転となった。一九八二年当時は三往復のため、この間に二倍に増えたことになる。ただ、これは急行を格上げしたもので、リクライニングシートによって利便性を高め、なおかつ増収を実現した。

翌年七月二七日には特急「とかち」(六両編成)に二階建てグリーン車(四両新造)の連結を始めた。一階は二人用個室、二階はグリーン席である。

一九九三年三月一八日のダイヤ改正では札幌-釧路間の夜行客車急行「まりも」をキハ183系特急形気動車+寝台車に置き換えて特急「おおぞら」に格上げした。高速バスと熾烈な競争を行う路線であることから、札幌、釧路双方とも二三時発六時着に統一してわかりやすさを強調するとともに、普通車と寝台車に女性専用席を設置して旅客の誘致に努めた。

一九九三年度は石勝線、根室本線など札幌-釧路間の高速化が国の補助事業に採択され、一九九四年一月に整備主体として第三セクター「道東高速鉄道開発」が北海道、釧路市など沿線自治体とＪＲ北海道の出資で設立された。

同時に、この高速化に投入する新型の振子式気動車の開発を開始した。そして、一九九五年にキハ２８３系試作車二両を完成し、続いて翌年一月には苗穂工場で中間車一両を完成させた。

一九九七年三月二二日のダイヤ改正でキハ２８３系新型特急形気動車の量産車二〇両を投入し、札幌－釧路間で特急「スーパーおおぞら」の運行を開始した。最速四五分短縮の三時間四〇分で結ぶ。高速化のために整備された施設は第三セクターが保有し、ＪＲ北海道に貸し付けた。

しかし、急行の特急化、特急の高速化とサービス向上に努めたものの、旅客の減少に歯止めはかからなかった。

一九九八年一二月八日ダイヤ改正でキハ２８３系四両を増備し、札幌－帯広・釧路間の「スーパーおおぞら」「おおぞら」昼行六往復のうち「スーパーおおぞら」を三往復から四往復に増発するとともに、「スーパーおおぞら」の最速列車は八分短縮の三時間三二分運転となる。

二〇〇〇年三月一一日ダイヤ改正でもキハ283系四両を増備し、札幌‐帯広間特急「とかち」六往復中一往復を置き換え、平均三〇分の時分短縮を図った。このころまでがJR北海道が強力に鉄道事業に設備投資を実施した時期である。

競争相手となる高速バスであるが、JR北海道自身が札幌‐帯広間に高速バス「ポテトライナー」を運行している。一九八九年八月一一日から臨時帰省バスとして北海道中央バス、北都交通、ジェイ・アール北海道バス、十勝バス、北海道拓殖バスが各一往復を運行。翌年三月九日から定期運行を開始し、「ポテトライナー」という愛称がつけられた。

二〇〇九年一〇月に道東自動車道の千歳恵庭《えにわ》‐夕張間が開通したことから、国道二七四号線から道東道経由に変更した。二〇一二年一〇月三〇日に道東道が全線開業したのにともない、所要時間が二〇分短縮したのに加え、一〇往復に増発した。鉄道の急行の廃止によって欠けたサービスのラインナップを高速バスで埋めるというかたちになる。

宗谷本線

道北にもまだ多くの鉄道路線が残っていたころ、宗谷本線の急行「宗谷」「天北」「利尻」に使用していたキハ56系急行形気動車が老朽化したため、簡易リクライニングシートと冷暖房を完備した14系特急形座席客車に置き換えられた。ＪＲ北海道発足後の一九八八年（昭和六三）に、この14系客車を置き換えるために一般形気動車のキハ40形八両とキハ48形四両のエンジンを強力型に交換し、キハ４００形とキハ４８０形に形式を変更した。

急行「利尻」の夜行列車は14系座席客車四両にＢ寝台車二両を連結して札幌－稚内間を八時間一〇分（下り）で結んでいた。これを一九九一年三月のダイヤ改正で昼行急行に使われているキハ４００形とキハ４８０形に置き換え、これに寝台車スハネフ14形を連結した。昼間は寝台車を分離し、ほかの急行と共通運用した。

この間、一九八九（平成元）年に天北線が廃止されたのにともない、同線を経由していた「天北」が「宗谷」に統合された。また、一九九二年七月一日、「宗谷」のうち一往復を急行「サロベツ」に変更した。

ＪＲ北海道は、かぎられた経営資源を最大限活用するため、本州のＪＲでは考えられないような改造もしている。一九九七年に従来のお座敷車（和風車両）が老朽化したため、宗谷本線の急行に使っていたキハ４００形三両を後継として改造することになり、その代わりにキハ１８３形三両にキハ４００系との併結改造を実施。一般形車両を改造した急行用気動車が特急形を挟むという凸凹編成が出現した。

一九九七年には根室本線などの高速化が完成したことから、新たに宗谷本線の高速化事業を立ち上げた。根室本線の高速化を実施した第三セクター「道東高速鉄道開発」は、一九九七年九月に宗谷本線高速化の整備主体として新たに士別《しべつ》市と名寄市が出資して「北海道高速鉄道開発」に改編された。

急行「宗谷」のキハ400形気動車。
在来のキハ40形を強馬力に改造した

同社は旭川－名寄間の駅構内の改良と曲線改良などによる時速一三〇km化工事を実施し、完成した施設と車両を保有してJR北海道に貸し付けた。

キハ281系とキハ283系が振子式で保守経費が嵩むことから、宗谷本線高速化では新たに空気バネを使った車体傾斜方式のキハ261系を開発した。一九九八年一二月に試作車四両を完成し、続いて一九九九年度に量産車八両を新造した。

二〇〇〇年三月一一日のダイヤ改正で、キハ261系新型気動車によって特急「スーパー宗谷」二往復の運行を開始。札幌－稚内間で五四分短縮の四時間五八分の運転となった。同時にキハ183系の時速一二〇km運転対応車九両を投入し、急行「サロベツ」の特急への格上げを行った。これにより、特急「サロベツ」は平均二六分の時間短縮を実現した。

石北本線

石北本線では一九九二年三月一四日に札幌－網走間の夜行急行「大雪」を特急に格上げし、特急「オホーツク」に統合した。この列車にはキハ183系特急形気動車にスハネフ14形寝台客車を連結した。これも気動車と客車を連結した凸凹編成である。また、普通車と寝台車に女性専用席を設置した。

石北本線沿いは高速バスの路線網が充実しており、道北バス、北見バス、北海道中央バスの共同運行で遠軽－札幌駅前ターミナル間に「高速えんがる」「特急北大雪」が、網走バス、北見バス、北海道中央バスの共同運行で網走－北見－札幌間に「ドリーミントオホーツク」が運行されている。

一九九〇年九月二二日に遠軽－旭川間「特急北大雪」四往復の運行を開始。一九九五年七月二一日にはこの「特急北大雪」旭川行き三本、遠軽行き二本を札幌－旭川間「高速あさひかわ」札幌行き三本、旭川行き二本を組み合わせて「高速えんがる」（うち一往復は旭川を経由しない直行便）として札幌に延伸するとともに、北海道中央バスとの共同運行となった。

なお、二〇〇一年五月二六日から期間限定で上湧別町まで「高速えんがる」直行便二往復を延長したが、二〇一二年四月一日に廃止された。途中の白滝《しらたき》で乗降できるため、石北本線の並行区間である白滝－遠軽間の短区間だけの利用もできた。

二〇〇七年四月一日には「特急北大雪」一往復を「高速えんがる」直行便に変更した（これで直行便は二往復に）。

「ドリーミントオホーツク」は一九九一年五月三〇日から夜行便を含む四往復の運行を開始。一九九二年四月二五日に七往復に増発した（一本は北見発札幌行き）。さらに、二〇〇九年七月一六日には一〇往復に増加し、そのうち一往復は北見－札幌間の運行である。また、一往復は夜行便である。

通常は札幌駅前バスターミナル発着であるが、夜行便の網走行きは札幌駅から離れた中央バス札幌ターミナルから出る。北見は札幌行きの乗車と網走行きの降車だけで、石北本線に並行する北見－網走間だけの利用はできない。

津軽海峡線

一九九〇年七月一日ダイヤ改正で、津軽海峡線（現・道南いさりび鉄道線）の輸送力増強として茂辺地《もへじ》－上磯《かみいそ》間に交換設備を持つ矢不来《やふらい》信号所を新設するとともに、木古内の青函トンネル側に知内《しりうち》駅（現・湯の里《ゆのさと》知内信号場）を新設した。もともと青函トンネルの異常時に列車を収容するために設置された湯の里信号所を駅に格上げしたもので、快速「海峡」のみが停車した。

このダイヤ改正では盛岡－青森間の特急「はつかり」一往復を函館まで延伸したほか、青森－函館間で臨時快速「海峡」一往復を増発した。また、夜行急行「はまなす」と快速「海峡」の編成を減車し、寝台特急「北斗星一・二」に個室寝台一両を増結して一一両編成とした。

一九九一年三月ダイヤ改正で、485系特急形電車のブレーキ力を強化したうえで、特急「はつかり」の青函トンネル内での時速一四〇㎞運転を実施した。トンネル内の下り勾配を使って加速したもので、同様の方法で高速化した事例に、上越新幹線「あさひ」（現・「とき」）の新清水《しんしみず》トンネルでの時速二七五㎞運転がある。

二〇〇七年三月二二日には旅客の特急指向が目立つため、快速「海峡」一往復を特急

「はつかり」に格上げした。

本州直通列車

一九八九年三月一一日には青函トンネル開業ブームによる観光客の増加を受けて「北斗星三・四」を臨時列車から定期列車に格上げするとともに、個室寝台「ロイヤル・デュエット」を連結した一二両編成（電源車を含む）とした。定期列車は「北斗星一・二号」がJR北海道、「北斗星五・六号」はJR東日本が担当し、「北斗星三・四号」は両社が交代で担当した。同年七月二一日から開放式B寝台のみの臨時列車「エルム」の運行を開始した。

寝台列車で個室の需要が増加したため、一九九〇年には新たに「ロイヤル・ソロ」三両を改造し、七月一日から「北斗星一・二号」に増結して一二両編成（電源車を含む）とした。さらに、一九九一年八月三一日発車分から「北斗星一・二号」の開放式B寝台一両を個室B寝台「ソロ」に変更。続いて一〇月三一日発車分から開放式B寝台一両を個室B寝台「デュエット」に変更した。

一九九七年度には「北斗星一・二号」の開放式B寝台四両を個室B寝台「デュエット」

に改造したほか、「北斗星」三往復の開放式B寝台に簡易な仕切り戸を設置した。個室として使用する場合にはロックできる構造である。

「北斗星」には変わり種として臨時列車「夢空間・北斗星」があった。

一九八九年の横浜《よこはま》博覧会でJR東日本がパビリオンとして次世代の寝台列車のコンセプトカー「夢空間」三両を新造。展望式ラウンジカー、ダイニングカー、A寝台車の三両で、博覧会の閉幕後は京葉線の海浜幕張《かいひんまくはり》駅の駅前に展示したのち、一九九〇年秋の「国際鉄道デザイン会議」で初めて本線上を走行した。

その年の冬シーズンから「北斗星」の予備編成に連結して臨時列車として運行し、二〇〇八年三月二九日の品川《しながわ》‐盛岡間の団体列車を最後に引退した。

青函トンネルの開業で、大阪と青森を結んで運行していたJR西日本が担当する寝台特急「日本海《にほんかい》一・四号」を函館まで延長した。「日本海二・三号」は青森止まりで、JR東日本の担当である。「日本海一・四号」はB寝台のみで編成が組まれていたが、一九九八年一二月一日からA個室寝台「シングルデラックス」の連結を始めた。

一九八九年七月二一日に大阪‐札幌間で「トワイライトエクスプレス」の運行を開始した。最初は企画旅行商品として団体専用列車の扱いであったが、一二月からは一般の旅客を対象とする臨時列車として運行することになる。通常期は週四往復の運行で、繁忙期は毎日運転した。

　ヨーロッパのワゴン・リーの寝台列車を思わせる豪華寝台列車のイメージで、食堂車ではフランス料理のフルコースが提供された。編成はB寝台が中心で、庶民の手に届く列車であったが、大阪方の先頭車に展望式のスイートルームが別格の豪華さを演出していた。

トワイライトエクスプレス

　そのほか、津軽海峡線には青森－札幌間に夜行急行「はまなす」が設定された。14系特急形客車の五両編成で、寝台車の連結はない。青函トンネル開業以前は札幌－函館間に寝台車を連結する夜行急行「すずらん」の臨時列車が運行していたが、これを引き継いだかたちになる。

　青函トンネル開通による北海道ブームが沈静化して「はまなす」の利用率が低下したため、一九九一年七月二五日からは寝台車のほか、リクライニングシートの「ドリームカー」、雑魚寝できる「のびのびカーペットカー」を連結した。また、快速「海峡」の一部にも「カラオケボックス車」が登場した。

首都圏と北海道のあいだは羽田‐千歳間の主力が航空機に移り、所要時間が長い寝台列車は高級化によって差別化が図られた。

ＪＲ東日本はＥ26系寝台客車を新造し、二〇〇九年七月一六日から上野‐札幌間の寝台特急「カシオペア」を隔日で運転開始した。Ａ個室寝台のみの豪華な編成で、一二両編成のうち、三号車はダイニングカー、一二号車は展望式ラウンジカーであった。一編成しか製造されなかったため、通常は週三往復、繁忙期は上下で隔日に運転した。また、検査の際には運休した。

「カシオペア」の運行開始に合わせ、「北斗星三・四号」は臨時列車に格下げして「北斗星八一・八二号」に、存続する「北斗星五・六号」を「北斗星三・四号」に変更した。

「都市型ダイヤ」への改革を図った札幌圏の路線

函館本線、千歳線

ＪＲ北海道が初めて開発した近郊型電車の７２１系電車は一九八九（平成元）年度二次車三両編成八本、一九九〇年度三次車三両編成二本、一九九一年度四次車三両編成四本を増備し、函館本線の札幌近郊区間の客車列車の電車への置き換えが進められた。捻出された客車は津軽海峡線の快速「海峡」や気動車化されて札沼線に転用された。

一九九二年七月一日新千歳空港の開業にともない、札幌－新千歳空港間に一五分間隔で快速「エアポート」を運転。毎時一本は特急「ライラック」の直通で、そのほか小樽－札幌間の快速「マリンライナー」を増発したうえで新千歳空港に直通した。また、函館本線の倶知安－札幌間の列車を小樽で分離して小樽－札幌間を電車化。さらに札幌－岩見沢間の普通一〇往復を快速化して快速の運転本数を二〇往復に増加した。

そのため、７２１系近郊型電車五次車六両編成三本と中間車三両を新造し、従来の三両編成一本を六両編成とした。７２１系は一九九三年度の六次車からＶＶＶＦインバーター制御、交流モーターに変わり、三両編成五本が新造された。続いて、一九九四年度には七次車として三両編成四本を増備した。

721系は転換式クロスシート三扉の乗り心地を追求した車両であるが、札幌圏の旅客が順調に伸びて混雑がひどくなると、むしろつめ込み輸送が可能な車両が必要になった。また、札幌の近郊部は奥行きが浅く、通勤、通学客の乗車時間が短いため、むしろ乗降がスムーズにできるロングシート車が必要になった。

函館本線の小樽から東側は山間部の非電化、単線のローカル線然とした路線であるが、朝夕には札幌までの通勤、通学の旅客も多いため、気動車で札幌まで直通運転していた。短い編成の気動車が通勤時間帯に札幌まで直通するのは不都合であるため、新たに電車と連結して協調運転できる気動車を開発した。電車は731系、気動車はキハ201系である。JR北海道の技術者の気概を感じさせる意欲的な車両であった。

731系は一九九六年一二月に一次車三両編成四本、キハ201系は翌年二月に三両編成四本を完成し、函館本線で使用を開始した。一九九七年三月二二日のダイヤ改正で、朝の通勤時間帯に倶知安方面からのキハ201系気動車三両編成に小樽で731系電車を連結するダイヤが設定された。そのほか、早朝と深夜に快速「エアポート」九本を増発した。

その後、キハ201系は製造コストが高額になるという問題があって増備は行われず、

７３１系についてはいずれも三両編成で、一九九七年度六本、一九九八年度四本、一九九九年度五本と増備が続き、老朽化した国鉄時代の７１１系との取り換えを進めた。一九九八年四月一日のダイヤ改正では快速「エアポート」二往復の使用形式を旧型の７１１系から７２１系に変更した。

731系電車(上)、
連結運転する731系電車と201系気動車(下)
撮影:佐藤信之(上のみ)

一九九九年三月の大規模商業施設「マイカル小樽」のオープンに合わせ、買い物客の輸送のために札幌 - 小樽間に臨時快速を運転するほか、増結して対応した。

「マイカル小樽」は小樽港地区の機関区と貨物施設を再開発してオープンしたショッピングモールである。小樽市が土地区画整理事業で用地を造成し、JR北海道とマイカルグループ(現・イオン)が出資した小樽ベイシティ開発が商業施設を整備した。現在はウイングベイ小樽と名称を変え、イオン小樽店がキーテナントである。テナントの退出が相次ぎ、固定資産税の滞納によって小樽ベイシティ開発の土地が差し押さえられるなど、いろいろ問題を抱えている。

二〇〇〇年三月一一日ダイヤ改正で小樽直通の快速「エアポート」を従来の一〇往復から二〇往復に倍増し、一〇時から一九時のあいだ、毎時二本の運転となった。また、この時点で快速と函館本線と千歳線の昼間の列車の一〇〇%冷房化を実現した。

札幌 - 小樽間は国鉄バスと北海道中央バスのあいだでつば競り合いが繰り返された。鉄道の輸送力が不足していた時代には鉄道競合区間に積極的にバスやトラックの路線開設が奨励された。

国鉄バスは戦前から札幌 - 小樽間で路線バスを運行しており、戦後は旅客の急増を見て北海道中央バスが参入を目指したが、国は既存事業者を保護する立場をとり、なかなかこれを認めなかった。

しかし、新しく「道路運送法」が制定されると、要件を満たす申請には基本的に免許を交付する方針に転換したため、一九五一年に北海道中央バスの参入が実現した。国鉄は一九六〇年に特急バスの運行を開始し、一九七一年には新たに開通した札樽《さっそん》バイパス（のちの札樽自動車道）経由に変更したが、一九七八年に旅客の減少を理由に運行を休止した。それに代わって北海道中央バスが「特急かもめ」の運行を開始した。

その後、国鉄の分割民営化直前の一九八六年一一月に国鉄バスが札樽自動車道経由で特急便を復活させ、二社で競合することになったが、需要が順調に伸びるなかで、両社ともに運行本数を増加させた。

一九九二年一〇月に札樽自動車道が札幌西インターチェンジから札幌ジャンクションまで開通すると、北海道中央バスは札樽自動車道から道央自動車道に入って札幌市に東側から入る「高速かもめ」、札幌インターチェンジで降りて北海道大学を経由する「高速おたる（北大経由）」、ジェイ・アール北海道バスは札幌北インターチェンジ経由の「高速つばめ」を新設した。両社ともに途中の札幌北インターチェンジから高速道路を経由する系統を追加した。

従来の札幌西インターチェンジ・円山《まるやま》経由は、北海道中央バスは「高速おたる（円山経由）」、ジェイ・アール北海道バスは「うしおライナー」という名称に変わった。一九九九年三月には「うしおライナー」の一部がマイカル小樽経由で運行することになった。さらに、二〇〇一年には共同運行することになり、名称を「高速おたる」に統一した。

札沼線

ＪＲ北海道では電車化や気動車化により、ローカル列車に使われていた51系客車が余剰となった。まだ経年が浅いため、有効活用するためにエンジンを搭載して気動車に改造した。同様の工事はＪＲ西日本でも実施したが、そちらは二両だけで終わった。

札沼線に51系客車を改造したキハ１４１形（エンジン一基）とキハ１４２形（エンジン二基）がワンセットとなる二両編成を、一九八九（平成元）年度に一本、一九九〇年度に二本投入し、一九九一年三月一六日ダイヤ改正で札沼線の客車列車の気動車への置き換えが実施された。

このダイヤ改正で釜谷臼《かまやうす》駅（一九九五年にあいの里公園《さとこうえん》駅に改称）に折り返し施設を増設

し、あいの里教育大折り返し列車六三往復を釜谷臼まで延伸した。なお、同線の沿線に多くの大学が立地することになったことから、新たに学園都市線の愛称がつけられた。

札沼線は順調に旅客数を伸ばし、一九九一年度は札幌圏の輸送量が国鉄末期の一九八六年に比べて四〇％増加したのに対し、札沼線だけでは八八％の大幅な増加となった。

51系客車にディーゼルエンジンを搭載したキハ141形気動車

その後も51系客車の気動車化改造が続き、一九九一年度はキハ１４１形＋キハ１４２形二両編成五本、一九九二年度も同じく五本が完成した。これによって編成の増強と老朽化したキハ56系急行形気動車の取り換えを実施した。

一九九三年三月一八日のダイヤ改正では東日本学園大学が大学部を増設したことにあわせて石狩当別－大学前（一九九五年に北海道医療大学に改称）間で三往復を延長するとともに、札幌－大学前間一往復を増結した。ほかにも札幌－石狩当別間で朝の通勤通学時間帯に増結を実施した。

一九九三年度にはキハ141形+キハ142形一本を改造したほか、エンジンを搭載しないキサハ144形四両を年度末に完成した。これをキハ141形とキハ142形に連結して三両化する計画であったが、付随車を連結するには出力不足であるため、一九九四年八月〜一〇月に新たに大出力のキハ143形九両を改造した。年度末には半端になったキハ143形と連結するキハ142形一両を増備した。

一九九五年三月一六日のダイヤ改正で太平《たいへい》-篠路《しのろ》間の複線の使用を開始するとともに、北海道医療大学に折り返し線を新設して五本を増発した。また、このとき、東篠路を拓北《たくほく》、釜谷臼をあいの里公園、大学前を北海道医療大学に駅名を改称した。

一九九五年の夏前にもキハ143形二両を完成するが、これは同系列で初の冷房車で、キサハを連結せずに二両編成で使用された。

札沼線の列車はすべて札幌まで直通したが、桑園-札幌間は函館本線の複線を共用していた。札沼線の列車が増発されただけでなく、函館本線の列車本数も増加したため、桑園-札幌間に札沼線専用の単線を建設し、一九九四年一一月一日から使用を開始した。

一九九六年三月一六日ダイヤ改正で石狩当別-新十津川間をワンマン化したが、このためにワンマン対応のキハ40形二両を強馬力化、二軸駆動改造して投入し、老朽化したキハ

53形500番台を廃車した。また、ワンマン対応のキハ40形四両のワンマン設備を撤去したうえで強馬力化して札幌－石狩当別間に投入し、札幌－石狩当別間で一本増発したほか、五本の運転区間を延長した。また、同年までにキハ143形九両の冷房化改造を実施した。

その後、一九九七年三月二二日ダイヤ改正で篠路－あいの里教育大間の複線を使用開始。さらに、二〇〇〇年三月一一日ダイヤ改正で八軒－太平間を複線化した。これで八軒－あいの里教育大間の複線化が完成したことになる。

このダイヤ改正で朝の通勤時に増発し、朝一〇分間隔、昼間毎時三本の運転とした。この増発のため、宗谷本線で急行に使用していたキハ400形とキハ480形の九両全車冷房車をロングシートに改造して札沼線に投入した。これで昼間の冷房化率が一〇〇％となった。

札沼線の複線化については国（当時は運輸施設整備事業団、元・鉄道整備基金）の「都市鉄道整備費無利子貸付金」の制度が適用された。この制度の対象となるのは日本鉄道建設公団か帝都高速度交通営団のみで、対象工事費の四〇％が国から公団に対して無利子で融資された。

北海道はJR北海道に対して無利子貸付あるいは補助した。すなわち、公団は工事費のおおむね四〇％を事業団から借り入れ、四〇％をＪＲ北海道からの負担金、残りを公団が公団債などによって調達。開業後にＪＲ北海道は公団に対して二五年間で返済するが、公団は事業団に五年据え置き後一〇年賦で返済した。

ジェイ・アール北海道バスは一九九五年から一九九六年にかけて期間限定で札幌−石狩当別間に高速バスを運行した。オン・シーズンには単線で輸送力がかぎられる鉄道より、バスのほうが柔軟に対応できた。

スクラップ・アンド・ビルドが進んだローカル線

日高本線

日高本線は苫小牧−様似間一四六㎞の長大路線で、急行「えりも」が最短二時間四七分で結んでいた。ＪＲ北海道はこの日高本線の運転経費の削減のため、新潟鐵工所《てっこうしょ》の標準設計の軽快気動車（ＮＤＣ）を導入した。車体長が短い軽量車両である。キハ１３０形五両をまず一九八八年（昭和六三）三月改正用に投入し、続いて一九九〇年（平成二）三月に六両を増備した。

一九九六年一月一二日に踏切事故で修復不可能なまでに大破したために一両が廃車。翌年三月にキハ130形と同じく新潟鐵工所の標準車を基本に開発したキハ160形一両を新造した。

キハ130形、キハ160形ともに製造コストを極限まで切りつめた車両であるのに加え、北海道向けの耐寒装備は最小限にとどめたことがあだとなって、二〇〇〇年にはキハ130形の全車が廃車となり、機関強力化したキハ40形350番台に取り換えられることになった。

キハ160形は二〇〇七年にハイブリッド車の試験車としてエンジンを載せ替えて試験走行を実施し、二〇一三年一二月二〇日に廃車となった。このハイブリッド車はJR北海道で独自に開発した電気モーターでアシストするディーゼルカーであるが、経営問題が浮上して実用化が断念された。

富良野線

国鉄は北海道地区に対し、JR発足後の経営負担を軽減するため、経年の高い車両水準を他社と平準化する目的で、キハ54形を二九両投入した。当初は釧路運転所、旭川運転所、苗穂運転所、函館運転所と全道にバランスをとって配置されていたが、一九八八年一一月のダイヤ改正で、富良野線の旭川‐美瑛間の増発とスピードアップのため、苗穂と函館に配置されていたキハ54形を旭川に転属した。

一九九三年二月には富良野線用としてキハ150形七両を投入したが、こちらは旭川の近郊路線であるため、JR東日本のキハ110形が原型となる全長二〇mの大型車となった。ワンマン対応で、冷房つきである。さらに、同年中に富良野線に三両増備されたほか、室蘭本線に冷房が省略された100番台一〇両が投入された。

キハ150形は一九九五年に函館本線の長万部‐札幌間にも冷房つき七両を投入した。二〇〇六年までは快速「ニセコライナー」として札幌まで直通していたが、小樽‐札幌間の輸送力不足という問題があり、朝下り、夕方上りを除いて小樽で系統を切断し、小樽までは各駅停車、小樽以東は電車による快速「エアポート」に立て替えられた。

ワンマン化

一九八九年三月の日高本線、函館本線上砂川《かみすながわ》支線（廃止）を皮切りにローカル線のワンマン化が進められた。

キハ160形気動車(上)とキハ150形気動車(下、右の車両)
撮影:佐藤信之(下のみ)

一九九〇年からキハ22形、キハ40形、キハ54形のワンマン化改造を実施。一九九四年度までにキハ40形一四一両のワンマン化対象車両の工事が終了した(図表28)。

特定地方交通線

北海道では国鉄最後の日の前日、一九八七（昭和六二）年三月三〇日に羽幌線が廃止された。イギリス・ハイランドを思わせる日本海沿いの荒涼とした風景のなかを走るのが特徴であった。沿線は日本海のニシン漁と石炭の採掘で栄えたが、いずれも昭和三〇年代に衰退してしまった。

JR北海道になってからも特定地方交通線の廃止、バス転換は続いた（図表29）。

池北《ちほく》線は、根室本線の池田《いけだ》から石北本線の北見までの一四〇kmのローカル線である。途中、足寄《あしよろ》町、陸別《りくべつ》町、置戸《おけと》町があるが、二〇一七（平成二九）年現在の人口はそれぞれ七〇九五人、二四七八人、三〇二〇人である。一九八五（昭和六〇）年には足寄町が一万三五二五人、陸別町が五四七四人、置戸町が七四八一人の人口があり、この間に半減してしまった。冬季には平均気温がマイナス二〇度となる極寒の地で、牛の飼育と林業を中心とした第一次産業中心の地域であり、過疎化が急速に進行している。

池北線は第二次特定地方交通線に指定されたが、冬季の交通機関について検討が必要として保留されたあと、一九八五年に廃止が決定した。引き続き国鉄による運営を望む地元では存続運動が展開されたが、国鉄の分割民営化の時期であり、地元負担もやむなしとし

実施時期	路線	区間
1989年3月	日高本線	全線（一部列車）
	函館本線	上砂川支線（一部列車）
1990年3月		上砂川支線
1990年7月	日高本線	全線
1990年9月	根室本線	釧路〜根室（一部列車）
	江差線	全線
1991年3月	石勝線	千歳〜夕張、新夕張〜楓
	留萌本線	深川〜増毛
	釧網本線	釧路〜網走（一部列車）
1991年11月1日		釧路〜網走
1992年3月14日	石北本線	旭川〜網走
1993年3月18日	根室本線	滝川〜釧路
	宗谷本線	名寄〜稚内
1994年3月1日	室蘭本線	長万部〜岩見沢
1995年3月16日	函館本線	函館〜小樽（普通列車）、滝川〜旭川（普通列車）
1992年10月1日	富良野線	全線

図表28　ワンマン運行の実施
出典：『交通年鑑』『北海道新聞』など各種資料より筆者作成

て、北海道と沿線市町が出資して第三セクター「北海道ちほく高原鉄道」を設立し、鉄道を存続させることになった。

一九八九（平成元）年六月四日に池北線は新たに「ふるさと銀《ぎん》河《が》線」として運行を開始した。第三セクターへの移管により、この地域の中心都市である帯広までの直通運転を廃止した。八月六日にはダイヤ改正を行い、置戸－北見間で増発したほか、池田－北見間に快速列車を設定した。

帯広直通廃止によって池田駅

時期	線路名称	区間	廃止年月日	転換後
第2次	幌内線	岩見沢～幾春別、三笠～幌内（貨物線）	1987年7月13日	北海道中央バス
	松前線	木古内～松前	1988年2月1日	函館バス
	歌志内線	砂川～歌志内	1988年4月25日	北海道中央バス
	標津線	標茶～根室標津、厚岸～中標津	1989年4月30日	阿寒バス、根室交通
	天北線	音威子府～南稚内	1989年5月1日	宗谷バス
	名寄本線	名寄～遠軽、中湧別～湧別		名士バス、北紋バス、北海道北見バス、湧別町営バス
	池北線	池田～北見	1989年6月4日	北海道ちほく高原鉄道ふるさと銀河線*

*2006年4月21日廃止。

図表29　JR北海道発足後の特定地方交通線の廃止
出典：各種資料より筆者作成

での乗り換えを余儀なくされた朝夕の通学生は不便を強いられることになったため、地元自治体は委員会を設置し、JRに対して直通運転の再開を交渉した結果、一九九一年一一月一日から帯広直通が復活した。

JR車は早朝の池田五時一六分発足寄行きと、その折り返しの足寄六時一五分発芽室《めむろ》行きの一往復で、銀河線の車両は陸別六時三三分発帯広行きと、帯広一六時五七分発北見行き、北見九時三三分発帯広行きと、帯広一三時四八分発北見行きの快速「銀河」の二往復である。快速「銀河」は、上りは池田発滝川行きの快速「狩勝」、下りは滝川発釧路行きの普通列車に池田‐帯広間だけ併結した。

その後の旅客の減少が大きく、輸送密度は

転換時の五一六人から、一九九三年度には四六二人に低下。単年度の赤字は五億円を超えた。そこで一九九五年九月一日に運賃を改定したが、これによっていっそうの旅客の逸走を招くことになり、一九九六年度には輸送密度は四〇七人に落ち込み、増収額は二〇〇〇万円程度にとどまった。

一九九七年四月に消費税率の引き上げにともなう二度目の値上げ、二〇〇一年四月には経営改善計画によって三度目の運賃引き上げが実施されたが、輸送密度は三七二人にまで減少し、かえって減収となった。開業時に用意された経営安定基金（第一基金）も二〇〇四年度には底をつくことが予想されたことから、鉄道の存廃が議論された。

北海道庁が経営安定基金に代わる追加の財政支援に否定的であったことから、沿線自治体間での対応の差が生じたが、とりあえず二〇〇四年度には取り崩しが禁止されていた第一基金の元本部分を取り崩して赤字を補填し、その間に外部の監査法人に経営分析を依頼して意見を聴取した。その結果は財政支援なしに鉄道の存続は難しいという意見であった。北海道庁の強硬な意見もあり、廃止やむなしとの結論にいたった。

ふるさと銀河線は網走から札幌への最短ルートであったため、高速化についても検討されたが、必要なコストが高くなりすぎ、議論が前進しなかった。ちなみに、並走する国道二四二号線（池田‐陸別間）の道路の維持費は年額八億四〇〇〇万円であったという。

二〇〇四年度末の二〇〇五年三月二七日に取締役会で廃止が決議され、同年四月二一日に廃止届を提出。二〇〇六年四月二一日に廃止された。廃止後は旧陸別駅周辺部の約一kmが整備され、観光施設「ふるさと銀河線りくべつ鉄道」として二〇〇八年四月二〇日にオープンした。

代替バスは帯広‐陸別間を十勝バス、陸別‐北見間を北見バス（一九九八年に北海道北見バスに移管）が運行している。これとは別に、一九八七年一一月二日に、北見バスターミナル‐旭川間に北見バスと道北バスの共同運行によって「特急石北」二往復の運行を開始、翌年の一一月には四往復に増発した。

一九九三年一二月二三日に北見バスターミナル‐釧路駅前間で北見バスと阿寒《あかん》バスが共同で「特急釧北」を繁忙期のみの臨時運行を開始した。一九九五年には通年運行に移行した。そのほか、既述のとおり、網走‐北見‐札幌間に高速バス「ドリーミントオホーツク」が運行している。

特定地方交通線以外でも、一九九四年五月一五日函館本線上砂川支線の砂川‐上砂川間、一九九五年九月四日に深名《しんめい》線が廃止され、バスに転換した。

深名線は一九八四（昭和五九）年度の輸送密度が二七二人と、特定地方交通線の廃止基準を満たしていたが、冬季における代替道路が未整備として、廃止対象には入らなかった。しかし、その後、沿線の道路整備も進み、バス転換の条件がそろったことから、ＪＲ北海道は廃止を地元に提案した。

沿線とＪＲのあいだでの協議では、バス転換した場合の不利益を調整する話が中心になり、廃止自体についてはスムーズに地元の理解を得られた。そこで、ＪＲは代替バスの運行本数を鉄道の倍とすること、運賃は民間バスの水準に引き上げるが、一定期間は差額を補填することを表明した。ジェイ・アール北海道バス（二〇〇〇＝平成一二年まではＪＲ北海道の直営）が代替バスの運行を開始した。

また、一九九二年一一月一日には花咲線（根室本線）釧路‐根室間の地上施設の改良によって到達時分の短縮を図った。快速「はなさき」は従来の二時間四～一〇分を一時間五九分に短縮した。この区間には、かつて急行「狩勝」「ノサップ」が走っていたが、現在は普通列車だけであるため、快速が優等列車の代わりになっている。

魅力ある観光列車が続々登場

一九八九（平成元）年一二月のダイヤ改正で、新しいリゾート列車として「クリスタルエクスプレストマム&サホロ」を（苗穂工場）新製投入した。NN183系のシステムにより、キハ183形二両を先頭車にしてキハ182形とキサロハ182形一両ずつを挟む四両編成である。

先頭車の形状はJR九州で「あそぼーい！」に使用している、運転台が展望座席の上に載っているキハ183系1000番台と同じ形状である。キサロハ182形は二階建てのグリーン車で、一九九一年には「スーパーとかち」用に同じく二階建てのキサロハ182形550番台を導入している。この車両は、まず札幌‐新得間の臨時特急「トマムサホロスキーエクスプレス」で運用を開始した。

「アルファコンチネンタルエクスプレス」が老朽化したため、置き換え用としてキハ183系「ノースレインボーエクスプレス」を新造した。一九九二年七月から、まずキハ183形＋キハ182形＋キハ183形の三両編成で臨時特急「はこだてエクスプレス」で運転を開始した。この三両はいずれもハイデッカーである。

同年一二月には二階建て普通車のキサハ182形を増備して五両編成となったが、ハイデッカー車の客室の床の高さと二階建ての二階部分を合わせることで、編成全体の調和がとれている。この車両は青函トンネルをくぐって本州の秋田まで（当初は青森まで）乗り入れたのも特徴である。

JR北海道は観光列車の開発でもユニークである。支社の職員が閑散ローカル線への観

クリスタルエクスプレス トマム&サホロ（上）と
ノースレインボーエクスプレス（下）

光客の誘致のためにアイデアを凝らして開発した。

JR北海道は津軽海峡線の開通以来の北海道ブームの勢いを駆って、一九八九年六月二四日から釧網本線の釧路-塘路《とうろ》・川湯《かわゆ》温泉間で「くしろ湿原ノロッコ号」の運転を開始した。当初は旧型客車スハフ42 2245、貨車を改造したトロッコのトラ71422、車掌車ヨ4350の三両をDE10形ディーゼル機関車が牽引した。

一九九三年に客車オハフ51 4をカーペットカーに改造。一九九八年にはこの車両を機関車の制御車に改造してプッシュ・プル運転(機関車の反対側を先頭にし、最後尾の機関車に客車を押させる運転方式)ができるようにするとともに、オハフ51形をトロッコに改造(オハテフ510 1、オクハテ510 1)し、貨車改造のトロッコと置き換えられた。二〇〇四年にはオハテフ500 51を増備している。

形式名の「テ」は、本来展望車の記号であるが、大型開放窓で展望を楽しむ車両であることから、このトロッコにつけられた。

一九九七年七月には、全国のトロッコの先駆け的存在である釧路で「全国トロッコサミット」が開催された。

釧網本線では知床《しれとこ》-斜里間にも観光列車が走っていた。「スタンディングトレイン」という名が示すように座席がなく、立ち席のみの列車である。二〇〇二年にキハ40形が車掌車ヨ４３５０を一両牽引していたが、翌年にはワム８０００００形改造のハテ８０００１をキハ54形が牽引した。二〇〇六年以降は運転がなく、二〇一三年に正式に廃車となった。

そのほか、二〇〇〇年と二〇〇一年にワキ１００００形有蓋貨車を改造して「バーベキューカー」（ナハ２９０００形）を一両ずつ増備した。無蓋車に屋根をつけたような構造で、座席ごとにバーベキューセットが載っている。ノロッコのほか、一般の気動車とも連結できる。

一九九八年七月から富良野線の旭川－富良野間でも51系客車二両を大型開放窓（トロッコ）に改造（オハテフ５１０　51、オクハテ５１０　２）した「富良野・美瑛ノロッコ号」が運転された。一九九九年にはオハテフ５１０　２を増備。さらに、二〇一三年には貨車を改造した「バーベキューカー」のナハ２９００３が増結された。基本的にはディーゼル機関車が牽引するが、かつて蒸気機関車が牽引して「ＳＬふらの・びえい」として運転したこともある。

「釧路湿原ノロッコ号」の51系客車改造車

ＪＲ北海道はお座敷車両として、一九七三年にキハ27形を改造したキロ29形三両と、一九八四年にキハ56形を改造したキロ59形二両を使用していたが、いずれも老朽化したために取り換えることにして、一九九八年キハ４００形三両をお座敷車両に改造した。海外からの旅客にも使いやすいように掘り炬燵《ごたつ》式となった。

一九九九年には時速一三〇㎞運転が可能で本州にも乗り入れできるキハ１８３系特急形気動車三両をお座敷車両に改造し、二月から運行を開始した。一九九〇年には快速「ミッドナイト」と同じ構造のカーペットカー二両（キハ56形５５０番台）を改造した。

一九九九年四月から半年間、ＮＨＫ朝の連続テレビ小説「すずらん」の放送に合わせてＣ11　１７１蒸気機関車を復元し、留萌本線の深川 - 留萌間で「ＳＬすずらん」を運転した。Ｃ11　１７１は、標茶《しべちゃ》町に無償貸与されていた静態保存車で、苗穂工場で復元工事が実施された。

客車は旧型客車スハシ44　１と14系客車三両。七月からの夏休み期間は車掌車ヨ３５００形を加えた五両編成で運行した。二〇〇〇年一月から三月には釧網本線の釧路 - 標茶間で「ＳＬ冬の湿原」として運行した。

二〇〇〇年には静内町（現・新ひだか町）に静態保存されていたＣ11　２０７を苗穂工場

に搬入して復元した。秋シーズンの一〇月七日から函館本線の札幌－ニセコ間で「SLニセコ号」の運転を開始した。

客車はJR東日本が保管していた旧型客車四両を購入してスハフ42 2261、オハシ47 2001、オハフ33 2555、スハフ42 2071として投入した。オハシ47形はダルマストーブとアップライトピアノがあるパブのイメージの車両に改造され、それ以外の車両は原形を維持している。

C11 207は新型ATSの設置が困難ということで、二〇一四年秋シーズンで運行を終えた。その後、東武鉄道に貸与され、二〇一七年度から鬼怒川線の下今市《しもいまいち》－鬼怒川温泉間で運行する観光列車「大樹《たいじゅ》」を牽引する。

東映映画「鉄道員《ぽっぽや》」に合わせ、ロケ地の幾寅《いくとら》駅のある根室本線で、映画で使用したキハ40形を旧式の車両に模した改造を行った車両で「ぽっぽや」を運転した。本来ならば旧式のキハ22形をベースにすべきところ、すでに北海道には存在しないため、キハ40形を改造することになった。

「SL常紋号」の蒸気機関車C11 207（上）と
映画撮影用に改造されたキハ40形（下）

厳しい自然環境との戦い

北海道は面積が広い分、自然災害にあう率が高いといえるが、それでもJR発足以降は地震や豪雨による被害が目についた。

二〇〇〇（平成一二）年には有珠山《うすざん》の噴火によって室蘭本線が長期運休し、本州と札幌を結ぶ物流に大きなダメージを与えた。有珠山は定期的に大きな噴火をする火山であるため、警戒を続けていたところ、三月二七日未明に火山性地震を観測したため、住民の避難が行われた。三月三〇日に室蘭本線の東室蘭‐長万部間を運休し、臨時特急列車、貨物列車を函館本線山線経由で迂回運転を開始した。

その翌日の三月三一日、警戒しているなかで大噴火があり、四月一日には洞爺湖温泉街の背後にある「金比羅山《こんぴらやま》」に新しい噴火口が出現した。ちょうど避難路をふさぐかたちで噴火があったため、避難が遅れれば大きな人的被害が発生しかねなかった。幸い、人命の被害は皆無ですんだ。

室蘭本線は四月四日から長万部‐豊浦《とようら》間、伊達紋別《だてもんべつ》‐東室蘭間の運転を再開し、避難民は運賃を無料とした。また、四月八日には函館本線山線での迂回運転の長期化に備え、途中の目名駅に特急一〇両編成ないし重連の機関車が牽引する一〇両の客車が行き違える設備を設置した。山線の施設は特急でも八両編成が最大であった。

そのほかの交通機関では、四月一〇日から豊浦‐室蘭間に臨時通学バスを運行。航空各社(日本エアシステム、エアーニッポン、北海道エアシステム)は三月三一日から函館‐札幌間の臨時便を飛ばした。

貨物輸送は従来、室蘭本線経由でコンテナ貨車二〇両編成を一日二四本運転していたのが、山線経由で一〇両編成、一日五本に減ったため、四月五日の段階で五稜郭《ごりょうかく》貨物駅に約五〇〇個のコンテナが滞留した。

噴火直後から五稜郭貨物駅‐札幌貨物ターミナル間でトラックによる代行輸送を開始したが、四月二一日から長万部駅構内の仮設のコンテナホームの使用を開始し、トラックの代行区間を長万部‐札幌間に短縮した。あわせて、苫小牧港までの海上輸送も実施した。

第七章

ＪＲ北海道はどこで道を誤ったのか

高速化より効率化を重視する戦略

ＪＲ北海道は収支の悪化に応じて輸送改善のための設備投資は次第にしぼんでいった。代わりに老朽車両の更新修繕に重点が移るが、なかでも特急列車の快適性の改善に力が入れられた。それも在来の車両の改造が中心になっていく。その結果、車両の老朽化が進み、事故や故障が頻発する原因となる。

函館本線、千歳線、室蘭本線

ＪＲ北海道は経営の軸として、特急と千歳空港のアクセス輸送に経営資源を重点化した。千歳空港の一九八七（昭和六二）年の国内線旅客数は一〇三五万人であったが、新千歳に移ったあとの一九八九（平成元）年には一二三一万人に増加した。空港アクセスでは速達性と確実性でほかの交通機関に対して優位に立つことができたため、順調に客足を伸ばしていた。

二〇〇〇年には快速「エアポート」で使用する７２１系に半室ｕシートを設置した。ｕシートは普通車の指定席車であるが、グリーン車のない列車でグリーン車相当の居住性を提供している。７２１系の三両編成は一号車、六両編成は四号車にｕシートを連結したほか、新千歳空港に直通するL特急「ライラック」用の７８１系四両編成にも半室uシートを設置した。

二〇〇二年三月一六日ダイヤ改正で新千歳空港直通列車（快速「エアポート」）を国鉄時代に製造した７８１系の「ライラック」から比較的新しく時速一三〇km運転が可能な７８５系特急「スーパーホワイトアロー」に変更し、また別に一往復を増発した。それにあわせて中間車（全室uシート）七両を増備し、七本を五両編成に増強した。

789系特急型電車

二〇〇七年一〇月一日ダイヤ改正では７８９系１０００番台五両編成七本を新造して札幌‐旭川間のL特急「スーパーカムイ」（「スーパーホワイトアロー」と「ライラック」を統合）に投入。捻出された７８５系（uシートつき）を札幌‐室蘭間の特急「すずらん」に転用し、老朽化した７８１系を代替した。札幌‐苫小牧間平均二分、札幌‐東室蘭間平均五分の短縮となる。

JR北海道は二〇〇七年の創立二〇周年を記念してキハ183系特急形気動車五両を改造し、札幌‐旭川間に臨時特急「旭山《あさひやま》動物園号」の運行を開始した。各車両にテーマを決めて動物の絵をラッピングするとともに、車内にはフリースペース「モグモグコーナー」や「チャイルドサロン」が設けられた。しかし、キハ183系初期車の廃車の方針により、二〇一六年に運転を終了した。

二〇一六年三月二六日ダイヤ改正でL特急「スーパーカムイ」の新千歳空港直通を取りやめ、札幌‐新千歳間は別の列車とした。

函館本線

二〇一三年四月八日に函館本線の八雲《やくも》駅で特急「北斗」のキハ183系でエンジンが破損、七月六日には山崎《やまさき》‐鷲《わし》ノ巣《す》信号場間で同じくキハ183系「北斗」でエンジンブローによる出火が発生。JR北海道は事故車と同じエンジンを搭載したN183系、NN183系三六両の使用を停止した。

明らかに車両の酷使による老朽化が進んでいた。サービス改善と高速化が鉄道需要の回復に必要であり、新車をどんどん投入すべきであったが、経営資金が不足していた。また、合理化による現場、とくに工場の労働環境が悪化し、労使関係に歪《ひず》みが現れていた。

これにより、「北斗」四往復と「サロベツ」一往復の運休が決まり、使用停止は二〇一四年七月末日まで続いた。「北斗」に運用する二二両は、二〇一三年度までにエンジンなどの重要機器の更新を実施したが、これによって機関出力が低下したことで最高速度の見直しを行った。

二〇一三年一一月には緊急措置として、従来は津軽海峡線を除いて時速一三〇kmで運行していた各路線の特急の最高時速を一二〇km(「スーパーおおぞら」は時速一一〇km)に改めた。その後、二〇一四年三月一五日のダイヤ改正で特急「スーパー宗谷」、同年八月三〇日に特急「スーパーとかち」と快速「エアポート」の最高時速が一二〇kmに引き下げられた。せっぱつまったこの段にいたって、老朽車の取り換えに本腰を入れることになった。

また、二〇一六年三月二六日の北海道新幹線新函館北斗開業に合わせたダイヤ改正で、特急「スーパー北斗」「北斗」三往復を増発し、全部で一二往復となった。増発用の車両は五次車二四両と石勝線、根室本線用の三両のあわせて二七両を投入した。

余ったN183系は石北本線の特急「オホーツク」「大雪」用にN183系を転用し、

キハ１８３系初期製造車を廃車にした。さらに、二〇一六年度にはキハ２６１系１０００番台六次車一二両を増備し、キハ１８３系初期製造車を置き換えている。なお、キハ２６１系五次車以降の新造車は車体傾斜装置が省略されている。

鉄道は道内の航空便に対しては大量輸送、高速バスに対しては高速性を武器として健闘している。そのひとつの軸である高速性が低下したのでは、今後のＪＲ北海道の経営にとって大きなダメージとなるであろう。とくに曲線部でのスピードダウンは影響が大きい。

開発中止となったキハ285系特急型気動車

さらなる高速化を目指してキハ２８５系三両編成を新造したが、経営問題が発生したため、苗穂工場の一角に放置された挙げ句、二〇一七年になって解体されてしまった。安定輸送のためにキハ２６１系気動車の新造を進めているが、コストを節約するために利用できる機器を転用したのであろう。新しい技術の開発という、技術系の職員にとって晴れ晴れしい希望に満ちた仕事がなくなったということは、とくに若い職員にはマイナスのインセンティブを生ずるであろう。残念なことである。

日本の鉄道車両の技術開発は一手に国鉄が担っていた。国鉄は高速化の重点を電車に置いていたため、気動車の開発には力を入れなかった。その影響が現在まで響いている。

JR発足後にJR東海が米国カミンズ社のエンジンを搭載し、続いてJR東日本も海外からの技術を導入した。気動車が高速列車の主力であるJR北海道にはこの分野での奮闘を期待したいところである。

まずは経営問題を解決したうえで、幹線系長距離列車での時速一四〇km運転への挑戦が望まれる。

既存車両の延命化工事

二〇〇五年度からは特急形車両の保全工事とグレードアップが実施された。785系特急電車は経年が浅いものの、高速運転で一日一〇〇〇kmを走行し、累積走行距離が三五〇万kmを超えていた。

函館本線のキハ281系特急形気動車も毎日、札幌―函館間を一・五～二往復しており、累積走行距離が三五〇万kmを超えていたため、エンジンなどの主要部品の交換を行った。

785系は経年にともなう不具合を修繕するとともに、アコモデーション（内装）の改善も行った。

また、キハ183系特急形気動車一次車と781系特急電車は国鉄時代の製造であり、経年が高いことから、順次取り換えることになった。そのほかのキハ183系は最新型の内装にあわせてグレードアップを実施した。二〇〇七年度からはキハ281系、キハ283系特急形気動車の保全工事が加わる。

JR北海道は二〇一三年三月二五日に「安全投資と修繕に関する五年間の計画」を発表し、設備投資に対する国の財政支援を受けて大規模な設備更新を行うことになった。二〇一六年、二〇一七年度にかけて、キハ183系初期製作車三四両の置き換えを目的としたキハ261系の増備を計画した。

二〇一三年七月六日に函館本線で特急「北斗一四号」のキハ183系のエンジンから出火。翌日から同型車の使用を停止し、特急「北斗」函館‐札幌間四往復、特急「サロベツ」札幌‐稚内間一往復を運休した。救済措置として札幌‐函館間にジョイフルトレインを使った臨時特急「北斗」、旭川‐稚内間に臨時快速を運転した。

この事故はエンジンのスライジング・ブロックの折損が原因であることが判明したため、

キハ183系のエンジンの交換を実施し、八月一日から一部の使用を再開した。

七月一五日には特急「スーパーおおぞら三号」キハ283系の配電盤から出火したため、一八日から「スーパーおおぞら」の二往復を運休した。これに対し、JR北海道はキハ281系とキハ283系についても予防的措置として、二〇一四年度からエンジンの交換を実施した。なお、もともと二〇一五年度までにキハ281系とキハ283系のエンジンなど主要機器の交換を計画しており、すでに二〇一三年度にキハ281系七両とキハ283系二六両について実施されていた。

二〇一三年一一月一日には車両メンテナンス体制強化と称して大幅にダイヤを修正した。

◎札幌‐釧路間　特急「スーパーおおぞら」
一往復運転取りやめ、最高時速一三〇km→時速一一〇km
◎札幌‐旭川間　特急「スーパーカムイ」
一往復運転取りやめ、最高時速一三〇km→時速一二〇km
◎札幌‐東室蘭間　特急「すずらん」
最高時速一三〇km→時速一二〇km

二〇一四年三月には札幌‐稚内間の特急「スーパー宗谷」の最高時速一三〇kmを時速一二〇kmに引き下げた。

石勝線、根室本線

二〇〇一年七月一日ダイヤ改正ではキハ283系二〇両を増備し、札幌‐釧路間の夜行列車を除く特急「おおぞら」の特急「スーパーおおぞら」への置き換えを完了した。また、札幌‐帯広間の特急「スーパーとかち」も二往復に増加した。

二〇〇六年には宗谷本線の高速化用に開発したキハ261系を石勝線と根室本線に導入することとし、先行製造車1000番台四両を製造して試験運転を開始した。キハ283系が振子式であるのに対し、キハ261系は空気バネによる車体傾斜装置を装備して製造コストの削減を図った。

翌年には九両を新造して先行製造車とあわせて一三両を投入し、一〇月一日のダイヤ改正で特急「とかち」二本を置き換えた。これで「スーパーとかち」は六本となった。また、札幌‐帯広間の「スーパーとかち七号」「とかち四号」を釧路まで延伸して「スーパーおおぞら」に変更し、「スーパーおおぞら」は二本増の一四本となった。

二〇〇七年度にキハ261系1000番台二次車九両、二〇〇八年度に三次車七両を増備し、二〇〇九年一〇月一日のダイヤ改正で札幌‐帯広間の「とかち」のすべての置き換えが完了した。

このキハ261系1000番台は富士《ふじ》重工業が鉄道車両の製造から撤退したため、三次車までは、鋼体や台車を購入して社内の苗穂工場で組み立てるノックダウンの方式がとられた。

二〇一一年五月二七日に石勝線の清風山信号場で発生した脱線火災事故でキハ283系気動車六両が全焼して廃車となったため、二〇一三年六月にキハ261系1000番台（四次車）四両と、増結用中間車1300番台二両を新造。従来の四両編成一本を五両化（二〇一〇年一〇月から一両減車して四両編成化）し、この二本で「スーパーとかち」を運用。「スーパーとかち」で運用していたキハ283系を捻出して事故廃車の補充とした。

二〇一五年度にもキハ261系1000番台五次車四両を新造し、キハ283系試作車二両を廃車（二〇一五年三月三一日）したほか、二〇一六年三月二六日のダイヤ改正に合わせて石勝線と根室本線で使用していた中間車の1300番台三両を特急「スーパー北斗」に転用した。

なお、二〇一四年八月三〇日ダイヤ改正からキハ261系の車体傾斜装置の使用を停止することになったため、特急「スーパー宗谷」と「スーパーとかち」の曲線区間での速度の見直しが行われた。

二〇一五年八月下旬に台風が襲来し、石勝線と根室本線のトマム‐芽室間が運行を中止した。トマム駅の路盤流失や、一《いち》の沢《さわ》橋梁の流失など、各地で線路流失や橋梁の流失などの大きな被害を受けた。

復旧工事を急いだ結果、九月八日に新夕張‐トマム間の運行を開始。一二月二二日には全線で運行を再開した。

宗谷本線、石北本線

二〇一七年三月四日ダイヤ改正では相次ぐ車両事故で車両が不足したため、宗谷本線の特急「宗谷」「サロベツ」、石北本線の「オホーツク」二往復の札幌直通を取りやめて旭川までの運転とし、運用本数の削減を図った。

JR北海道の一連の問題の結果、スピードダウンだけでなく、旅客に乗り換えの不便を強いることになった。異常気象による災害も増えており、被害の規模も大きくなっている。

近年、石北本線は水害での運休が続いている。二〇一五年八月一日の豪雨によって下白《しもしら》滝《たき》（現在は信号場）－丸瀬布《まるせっぷ》間で路盤が流失し、八日の午前中まで運行を停止した。二〇一六年八月二三日には台風九号の通過にともなう豪雨によって上川－中越《なかこし》信号場間、上越《かみこし》信号場－奥白滝《おくしらたき》信号場間で路盤の流失、崩壊があった。一〇月一日から仮復旧により運行を再開した。

津軽海峡線

津軽海峡線では特急「はつかり」がＪＲ東日本の４８５系、快速「海峡」がＪＲ北海道の51系客車で分担していたが、二〇〇二年一二月一日の東北新幹線八戸開業にともなうダイヤ改正で、ＪＲ北海道は７８９系新型特急電車二三両を投入し、快速「海峡」のすべてを特急「スーパー白鳥」に置き換えた。

ＪＲ東日本も運転区間を盛岡－函館間から八戸－函館間に短縮し、列車名を特急「白鳥」に変更、「スーパー白鳥」も一本を除いて八戸－函館間の運行となる。これにより、函館－青森間の所要時間は快速「海峡」に比べて四二分の短縮となった。

「海峡」は特急・急行料金不要で連絡船の代替として意味があったが、盛岡（八戸延伸前）と青森で二度の乗り換えが必要なため、利用率が低下していた。

二〇〇六年三月一八日のダイヤ改正では本州内の八戸－青森間の混雑が目立つことから、789系一一両を増備して「スーパー白鳥」を二往復増発した。また、編成両数も従来の基本五両＋付属三両から基本六両＋付属二両に変更となった。

二〇一〇年一二月四日に東北新幹線が新青森まで延伸したことから、「スーパー白鳥」「白鳥」の運転区間が奥羽《おうう》本線の新青森発に変更となった。JR北海道は789系六両の新造と札幌地区から転用の785系300番台二両で「スーパー白鳥」の運転本数を八往復に増加した。外観も車体構造も違う車両が連結することになったが、このような大胆な発想がJR北海道の魅力である。

青函トンネルには本州側と北海道側の二カ所、かつての立て坑と本トンネルが交差する地点に竜飛海底駅と吉岡海底駅が設置された。当初は快速「海峡」の一部の列車だけが停車していたが、二〇〇二年一二月一日に快速「海峡」がすべて特急に置き換えられたため、一部の特急「スーパー白鳥」「白鳥」が停車することになった。駅といっても地上に出られるわけではなく、非常時の退避場所などの見学スペースだけが利用できた。

一九九八年三月に青函トンネル開通一〇周年を記念して「ドラえもん海底ワールド」を設置し、快速「海峡」の一部を「ドラえもん海底列車」として運転した。二〇〇二年一二月には快速「海峡」のすべてが特急に置き換えられたため、「ドラえもん海底列車」も札幌地区で特急として使用していた781系を改造して使用することになる。

781系八両が函館運転所に転属し、そのうち六両が「ドラえもん海底列車」に改造された。二〇〇三年七月から二〇〇六年八月までの夏休み期間に毎年、函館‐吉岡海底駅間で運行した。この車両を使用し、二〇〇五年と二〇〇六年の八月には函館‐青森間で臨時特急「ねぶたエクスプレス」が運転された。

竜飛海底駅と吉岡海底駅は青函トンネルの北海道新幹線対応工事の作業基地として使用するために閉鎖されることになり、二〇〇六年三月一八日のダイヤ改正で定期列車の停車がなくなり、その後は夏シーズンに運転された「ドラえもん海底列車」の運転が終了した八月二七日で事実上休止状態となり、二〇一四年三月一五日に正式に廃止された。

同日、北海道側のトンネル内の異常時に列車を待機させる副本線を持つ知内駅が廃止され、湯の里信号所に変わった。二〇一六年三月二六日に北海道新幹線の開業とともに湯の里知内信号所に改称した。

北海道新幹線の開業にともない、「スーパー白鳥」「白鳥」がすべて廃止され、使用していた電車は、JR北海道の789系は札幌地区に転用して785系の取り換えに使用、JR東日本の485系は経年が高いために廃車となった。

空港輸送にシフトした札幌圏の路線

函館本線、千歳線

札幌周辺の近郊輸送については、JR北海道にとって唯一採算が取れる可能性を持つ地域である。

JR北海道は、運賃の引き上げは旅客の減少を招くために増収につながらない状況で、運賃による増収は難しい。そうすると、増収には運賃以外の料金で稼がなければならない。空港アクセスでは付加価値サービスのuシートの拡大が進められた。

二〇〇〇（平成一二）年一一月721系のうち、快速「エアポート」に使用する三両編成の一号車と六両編成の四号車に半室uシートを設置した。二〇〇一年七月一日ダイヤ改正では781系L特急「ライラック」に半室uシートを導入したのにともない、「ライラック」と直通運転する快速「エアポート」でも全列車にuシートが設置されることになった。

二〇〇二年三月一六日ダイヤ改正で新千歳空港直通列車を781系「ライラック」から785系L特急「スーパーホワイトアロー」に変更して一往復増加。あわせて全室uシートの電動車一両を増結して五両編成とした。また、721系六両編成四本、三両編成七本を高速化改造し、快速「エアポート」の最高時速の一三〇㎞への引き上げを実施した。

北国ではあるが、夏の暑さは本州と変わらず不快である。最近は異常気象で関東地方より暑い日が見られるようになった。通勤電車の冷房は必須で、新造車はローカル線用の一部の気動車を除いて冷房つきである。経年の高い711系はすべて非冷房であったが、二〇〇一年から比較的新しい三次車のうち二七両を冷房化した。ただし、扉を増設した編成は車体強度の都合で冷房化の対象から外された。

二〇〇三年三月一日に札幌駅前にJRタワーが開業したことにともない、買い物客で電車が混雑することが予想されたため、札幌駅に一〇時台に到着する手稲発二本を増発、江別‐札幌間の列車一本を岩見沢発に延長した。

二〇〇三年には全室uシート化を進めるため、721系六次車と七次車の快速「エアポート」で運用している車両（三両編成）について、八次車として中間車二一両を新造して既存の車両と組み換え、新たに六両貫通編成七本を生み出した。いずれも時速一三〇㎞運転対応で、四号車が全室uシートである。

また、二〇〇四年三月一三日にダイヤを改正。快速「エアポート」の札幌駅のホームを改札口にいちばん近い五、六番線に統一した。また、二〇〇六年三月一八日ダイヤ改正では朝七時台の快速「エアポート」を増発したほか、小樽駅でも快速「エアポート」のホームを統一した。

二〇〇七年一〇月一日ダイヤ改正では区間快速「いしかりライナー」の運行体系を見直し、従来は手稲‐江別間を快速運転していたのを、列車によって手稲‐札幌間、札幌‐江別間のいずれかで快速運転することになる。

二〇〇八年三月一五日ダイヤ改正では羽田発始発便の到着時刻に合わせ、新千歳空港八時台発の快速「エアポート」を増発。二〇〇九年一〇月一日ダイヤ改正では一八、一九時台の札幌発江別行き区間快速「いしかりライナー」を各駅停車に変更した。

二〇一〇年には日立製作所が製造する標準タイプの電車を試験的に導入した735系三両編成二本を新造したが、量産にはいたらなかった。ＪＲ北海道で唯一のアルミ製の車両であるが、アルミ車の特性に対して抵抗があったのか、近郊型の増備は再びステンレス車に戻り、二〇一二年から新型車733系の製造を開始した。

733系は二〇一一年度に三両編成四本、二〇一二年度に三両編成八本が新造されたが、735系とあわせて四二両は札沼線の電化用という名目で投入されたが、実際には札幌圏の各路線に共通運用され、札沼線専用ではない。

二〇一三年度と二〇一四年度に基本番台を合わせて三両編成九本、二〇一四年度からは快速「エアポート」用の時速一三〇km運転対応の3000番台六両編成七本、二〇一五年度には「はこだてライナー」用1000番台三両編成四本を新造した。二〇一六年三月二六日ダイヤ改正では特急「スーパーカムイ」の新千歳空港直通を取りやめ、快速「エアポート」三扉六両編成に統一した。二〇一五年三月に国鉄時代の一九六七（昭和四二）年から製造された旧型の711系電車の運転が終了した。

札沼線（学園都市線）

黒字路線のないJR北海道にとって、ローカル線の要素を残す札沼線であっても札幌の通勤路線であり、貴重な経営資源である。

二〇〇一年七月一日改正で札幌発二一時台のあいの里公園行二本を増発したほか、石狩当別まで一本延長し、二二時台まで毎時三本に増強。その後もダイヤ改正ごとに運転区間の延長と編成両数の増強が行われた。

二〇〇九年に札沼線（学園都市線）桑園－北海道医療大学間が電化開業した。第三セクター「北海道高速鉄道開発」が整備主体となり、以前の複線化工事と同じく、国（鉄道建設・運輸施設整備支援機構）からの補助金と北海道の出資金のほか、機構が調達する財源で建設し、完成後はJR北海道が使用料を支払うことになる。

二〇一二年六月一日に電化が完成して一〇〇本中六九本が電車に置き換えられた。続いて、一〇月二七日には第二次電化開業と称し、一〇本増発するとともに、すべて電車での運行に変わった。電車は札幌圏の共通運用のため、必ずしも新車が使われるわけではないが、それでも静かでエンジンの排気の匂いもしないのはありがたい。

二〇一二年一〇月二七日のダイヤ改正で、学園都市線の札幌－北海道医療大学間を全面的に電車化し、一〇本の増発と一七本の運転区間の延長を行った。

効率化による減便が進むローカル線

新車の導入から旧型車の延命にシフト

経営の主軸から外されたローカル列車は、設備投資が大きく絞られた。また、北海道新幹線の開業が近づくとその傾向が強まり、もはや通常のダイヤも維持するのが難しい状況へと陥っていった。

二〇〇一（平成一三）年以降はローカル線に関するトピックスが大きく減少する。車両の老朽化が進んだが、一九九七年に製造されたキハ160形以降のローカル線用の気動車の新造は皆無となる。空白期間はじつに二〇年にもなる。その代わりに旧型車の延命化工事に重点を置いたが、それも一〇年以上の空白期間となる。

二〇〇三年度からキハ40系気動車について、エンジンなど主要機器の交換など延命化工事を実施した。二〇〇七年度までに四九両、二〇〇八年度に八両、二〇〇九年度に一二両、二〇一〇年度に三両と続き、この段階での計画両数である七二両を完了した。その後、二〇一二度までに一二両の延命化工事が追加された。

延命化工事を終了してから五年を経過してしまった。工事を実施した時点ですでに三〇年を経過していたため、現在ではキハ40系のすべてが車齢三五年を超えている。

二〇〇三年度から二〇〇五年度まで、キハ54形の台車を空気バネ・ボルスタレスの新品に交換した。車齢は一六年と新しいものの、台車や液体変速機などの主要機器にキハ22形の廃車発生品を使用していた。

二〇一二年に札沼線の電化にともなって気動車が余剰となったが、その一部であるキハ143形一〇両がワンマン化のうえ、室蘭本線と千歳線の711系電車の置き換え用に転用された。もともと付随車を連結した三両編成で使用していたが、これを二両編成に組み換えたため、特急形気動車並みの強力な編成となり、最高時速は711系電車と同じ一一〇㎞と、高速運転が可能である。二〇一二年一〇月から使用を開始した。

そのほか、室蘭－苫小牧間の電化区間でもキハ40形が単行で運転し、冬季にはキハ150形も使われている。

江差線

JR北海道は特定地方交通線の廃止が終わると、一部の短い支線を除いて、路線は廃止しなかった。しかし、コスト削減のための要員の削減を限界まで進めたが、さらに合理化を進めるには、閑散線区の廃止が必要になった。

二〇一四年五月一一日には江差線の木古内‐江差間四二・一㎞が廃止された。鉄道の廃止を惜しむ同好者が集まるようになり、二〇一三年度から臨時列車を運転し、二〇一四年度に入ってからは定期列車の増結を行った。最期を迎えた五月一〇日、一一日には臨時列車「さようなら江差線」が運転された。久しぶりに北海道のローカル線でにぎわいが見られた。

その後、ＪＲ北海道は相次ぐ事故で特急形気動車の大規模な修繕が必要となったあおりを食うかたちでローカル線用の気動車の更新ができず、二〇一六年三月二六日ダイヤ改正では使用可能なキハ40系の両数がかぎられたため、気動車で運転する全道各線区での普通列車合わせて七九本を減便した。いわば特急の運行の維持のためにローカル列車が犠牲になった形となった。公共交通機関として恥ずかしい話である。

ＪＲ北海道は二〇一七年度にローカル用の気動車の量産先行車二両を新造して走行試験を実施することを発表している。ＪＲ東日本の電気式ディーゼルカーＧＶ‐Ｅ４００系気動車をベースに極寒対策を施した車両で、形式はＨ１００形、愛称は「DECMO《デクモ》」である。

日高本線

自然災害による運休も相次ぎ、日高本線は二〇一五年一月八日に低気圧の通過による高波を受けて厚賀《あつが》‐大狩部《おおかりべ》間の海岸べりを走る区間で道床が流され、それ以降、長期運休を余儀なくされている。一月一三日からバスによる代行運転を始めたが、一月二七日からは静内‐様似間で列車の運行を再開した。苫小牧‐様似間のうち、中間の鵡川‐静内間がバス代行となり、途中二回の乗り換えが必要となった。しかも、一四六㎞の長大路線であるため、バス代行による所要時間の増加と乗り換え時間で全区間を乗り継げる便がかぎられ、地元住民に不便を強いることになる。

二月二八日からは運休期間が長期化することから、再び静内‐様似間も代行バスとなった。静内では依然として乗り換えが必要であり、しかも当初はそれぞれのバスが連絡していないなどの問題があった。

その後も復旧の見込みが立たず、バス代行を続けていたが、二〇一六年夏の台風襲来によって豊郷《とよさと》‐清畠《きよはた》間の慶能舞川《けのまいがわ》橋梁が流失し、被害が拡大した。

縮小を迫られた夜行列車

ＪＲ北海道は特急の輸送力の拡充に力を入れており、速達性を必要としない夜行列車についても車両を昼間の特急と共通化するために特急に格上げされた。宗谷本線の寝台急行「利尻」も、二〇〇〇年三月一一日特急に格上げされてキハ１８３系特急形気動車に置き換えられた。

しかし、一九八一（昭和五六）年から札幌大通《おおどおり》バスセンターから稚内まで「はまなす」号（ツアーバス）が運行を開始しており、夜行便も設定していた。もともとバスのほうが料金は安いため、特急化による事実上の値上げで旅客は減少した。

その結果、二〇〇六（平成一六）年三月一八日に臨時列車化され、翌年九月三〇日が最後の運転となった。二〇〇八年四月一八日に廃止が発表された。

石勝線と根室本線の札幌‐釧路間夜行急行「まりも」は一九九三年三月一九日に特急化されて「おおぞら一三・一四号」に変わったが、二〇〇一年に昼間の列車がキハ２８３系特急形気動車に統一されたのにともない、これと区別するために列車名を特急「まりも」に戻した。特急「利尻」と同様に二〇〇六年から臨時列車化、二〇〇八年には正式に廃止となった。二〇〇一年から二〇〇五年までの夏シーズンには運転区間を根室まで延長した。

青函トンネルをくぐって札幌と青森を結ぶ夜行急行「はまなす」は安さを求める若者に重宝された列車である。一九九三年には夜行急行「まりも」の廃止にともなって余剰となったフルリクライニングシートの「ドリームカー」、一九九七年には雑魚寝ができる「カーペットカー」が連結された。一九九〇年から夏・冬シーズンには秋田まで延長運転したが、北海道新幹線新函館北斗開業にともない、二〇一六年三月二一日に廃止された。

また、函館‐札幌間には夏シーズンに夜行快速「ミッドナイト」を運行していた。全車指定席であるが、「青春18きっぷ」が使える期間には自由席車が連結された。二〇〇〇年一二月にキハ183系特急形気動車に置き換えられて居住性が大きく向上したが、二〇〇二年二月一日に惜しまれつつ廃止された。

津軽海峡線は二〇〇八年度から北海道新幹線との共用化工事を開始したが、その工事時間を確保するため、二〇〇八年三月一五日夜行列車のダイヤを変更した。寝台特急「北斗星一・四号」の運転を取りやめ、下りの寝台特急「カシオペア」「トワイライトエクスプレス」の札幌到着時間を変更した。

寝台特急「エルム」は、すでに二〇〇六年八月一三日に運行を終了していた。さらに、JR北海道の車両が担当していた「北斗星」が一往復減ったことにより、車両使用料三億円と比較的大きな減収となった。

寝台特急「日本海」は二〇〇八年三月一五日に大阪‐青森間の「日本海二・三号」が廃止され、以降は「日本海一・四号」一往復だけの運転となった。二〇一二年三月一六日を最後に臨時列車化され、同年の夏と翌年の年始に運転されたが、以降は運転していない。二〇一五年三月一四日の北陸新幹線金沢《かなざわ》開業により、JR西日本の直江津《なおえつ》‐金沢間が並行在来線として第三セクターに引き継がれたため、今後は運転される見込みはない。また、寝台特急「トワイライトエクスプレス」も二〇一五年三月一二日で運行を終了した。

上野と札幌を結んだ寝台特急「北斗星」は青函トンネル内の新幹線共用化の工事が終了して総合的に検査、試験、訓練運転を実施するため、二〇一五年三月一四日に定期運行を終了して臨時列車化し、同年八月二三日に運転を終了した。

「カシオペア」は臨時「北斗星」と同じダイヤで交互に運転を続け、二〇一六年三月二一日に運行を終了した。その後、「カシオペア」に使われたE26系客車は二〇一六年六月からビュー企画商品の団体列車「カシオペアクルーズ」「カシオペア紀行」として上野‐札幌間で運行を再開したが、二〇一七年二月で北海道への乗り入れを終了した。そして、豪華列車「TRAIN SUITE 四季島《しきしま》」にその役割が引き継がれた。

北海道新幹線の開業は何をもたらしたか

二〇一六（平成二八）年三月二六日に北海道新幹線が新函館北斗まで延伸開業した。特急「はやぶさ」東京‐新函館北斗間一〇往復、仙台《せんだい》‐新函館北斗間一往復、盛岡‐新函館北斗間一往復、新青森‐新函館北斗間一往復の計一三往復が設定された。

開業からしばらくは多数の臨時列車を運行し、乗換駅の新函館北斗駅では在来線との乗り換えで混乱が見られた。開業後三日間の旅客数は一日平均九九〇〇人で、前年同期に比べて二四九％となった。その後、開業時の混乱が収束し、一日の旅客数も平均六三〇〇人まで低下したが、前年に比べると一六四％である。

ＪＲ北海道はＪＲ東日本のＥ５系と同じ設計のＨ５系一〇両編成を四本新造した。車内の装飾に東日本とは違うデザインが採用された。

北海道側では新函館北斗‐五稜郭間を電化し、函館までの快速「はこだてライナー」一六往復を新設した。また、札幌方向の輸送力増強のため、特急「スーパー北斗」「北斗」を三往復増の一二往復に増強。本州とのあいだを走行した特急「スーパー白鳥」「白鳥」、急行「はまなす」、臨時特急「カシオペア」を廃止した。

北海道新幹線の開業当日から江差線の木古内‐五稜郭間が第三セクター「道南いさりび

鉄道」に移管された。引き続き、ＪＲ貨物が貨物列車を運行している。

北海道新幹線は青函トンネル内を最高時速一四〇kmで運行しているが、二〇一五年三月一六日にＪＲ北海道の島田社長は記者会見で時速一六〇kmに引き上げることを検討していることを明らかにした。これによって所要時間は三分短縮され、東京－新函館北斗間がわずかに四時間を下回ることになる。また、二〇二一年には時速二六〇km運転も検討されているが、貨物列車が運行しない時間帯を設け、一日一往復だけ高速化する構想である。

北海道新幹線の開業で、新函館北斗を北海道の入り口と位置づけて、特急「スーパー北斗」で札幌からさらに北海道各地への旅客需要の喚起を図りたいところである。しかし、最高速度は下げられ、鉄道の特性を発揮できないでいる。これからまた経営改善を進めたうえで、高速化を目指して取り組んでほしい。

サイドビジネスの展開

ＪＲ北海道は当初、札幌駅高架の部分開業により高架下のスペースを活用して商業施設を運営したほか、ＤＤ51形ディーゼル機関車のエンジンを転用してコジェネレーションシステムの製造と販売、プレハブパネルの製造、コンピューター機器の販売を行った。その後、リゾート・レジャー事業、ホテル事業、不動産開発などの新規事業の開発を推進した。

また、オリジナル旅行ブランド「ツインクル」を設立して旅行業の事業を展開した。

JR北海道は直営子会社としてホテルの経営を始め、一九九四（平成六）年八月に「ジェイ・アール・ホテル帯広」を開業した。一九九七年六月一七日に「ホテルノースランド帯広」、二〇〇七年四月一日ホテル日航と提携して「ホテル日航ノースランド帯広」にリブランド・オープンした。一九九九年にJR北海道が経営する帯広を含めた四つのホテルの統一ブランドとして「JR北海道ホテルズ」を設立したのち、二〇〇一年度に経営を統合した。

二〇一二年一〇月に旭川ターミナルビルが経営する旭川ターミナルホテルが「ロワジールホテル旭川」に名称を変更したが、本体の駅ビルが閉鎖しているため、経営は厳しく、二〇一五年一〇月一日に売却され、「アートホテル旭川」に名称を変更した。売却先はシティホテルなどに投資している海外ファンドのフォートレス・インベストメント・グループLLCが設立した特定目的会社である。

JR北海道は一九九二年に函館本線の大沼公園駅近くの大沼湖畔に「クロフォード・イン大沼」を開発した。土地と施設をJR北海道が保有し、当初は北海道企画開発（JR北海道の完全子会社）に運営が委託された。二〇一二年四月二八日には大沼国定公園の観光施設として流山《ながれやま》温泉を開業して北海道企画開発に運営を委託した。

二〇〇七年一〇月に同社が弘済《こうさい》美装（JR北海道の一〇〇%子会社）と合併して業態を変更したため、新たにジェイ・アールはこだて開発に委託先を変更した。同社も二〇一四年一〇月に北海道キヨスク（JR北海道の一〇〇%子会社）に吸収合併され、ジェイ・アールはこだて開発は解散した。現在は北海道キヨスクがJR北海道函館支社の函館駅ほか四駅の委託業務、函館駅ショッピングモール「ピアポ」の管理と運営を行っている。

ジェイ・アールはこだて開発は一九八六年一二月二四日に「はこだて開発」として設立され、二〇〇三年六月二一日には函館駅の商業施設「ピアポ」を開業した。二〇〇五年七月一日はジェイ・アールはこだて開発に社名を変更した。

クロフォード・イン大沼は二〇一五年一一月に阿寒湖温泉の温泉旅館を経営する鶴雅《つるが》観光開発に売却された。現在は「大沼鶴雅オーベルジュ　エプイ」として営業が続いている。

二〇〇三年三月札幌駅の南口駅前に「JRタワー」が開業した。地上三八階、地上一七三mの超高層ビルである。タワー棟（東ブロック）の地下一階から六階までと、中央ブロックの地下一階から九階までをショッピングモール「札幌ステラプレイス」が占め、約二〇〇のテナントが入店している。

南口駅前広場に面して「札幌エスタ」、高架下の商店街「パセオ」、駅前地下街の「アピア」と周辺部に大規模な商業施設が集積しており、全部を一括して「JRタワースクエア」と呼んでいる。それぞれJR北海道の子会社の札幌駅南口開発、札幌ターミナルビル、札幌ステーション開発、札幌駅地下街開発が経営していたが、二〇〇五年一〇月一日に統合して札幌駅総合開発となった。

JRタワーの二二階から三六階に入居する「JRタワーホテル日航札幌」も、JR北海道の一〇〇%子会社の「JR北海道ホテルズ」の経営である。

「札幌エスタ」はもともと札幌駅の駅ビルで、国鉄時代の一九七八年九月に設立された。国鉄の出資規制が緩和された際に国鉄バスの営業所の跡地に建設され、最初は「そごう」が入居していた。「そごう」が経営問題から二〇〇〇年に閉店した翌年から家電量販店の「ビックカメラ」がテナントとして入居している。

国鉄時代の副業というと、まず駅ビル業である。はじめは民間がビルを建設して駅施設を国鉄が使用していた（民衆駅）が、出資規制が緩和されてからは国鉄が直接出資してビルを建てた。その床を外部の事業者に貸し付ける不動産賃貸業であった。

帯広では一九六五（昭和四〇）年に民衆駅として「帯広ステーションビル」が開業した。一九九六年に駅が高架化された際に、高架下に「帯広ステーションビル」が商店街「エスタ帯広」を開店した。

しかし、構造上の問題などで集客に難があったため、テナント収入が減少し、経営が厳しくなった。また、高架化工事が開始した際に、収益源であった「帯広ステーションホテル」を閉鎖したことも、経営難を深刻にした。そして、一九九八（平成一〇）年一一月一七日に自己破産を申請する方針を発表し、経営破綻した。「エスタ帯広」のテナントの営業は続けられ、経営は親会社で地主のＪＲ北海道の直営に変わる。

一九八二（昭和五七）年に国鉄が出資する駅ビルとして「旭川ターミナルビル」（旭川エスタ）、「苫小牧ステーションビル」（苫小牧エスタ）が開業した。

「旭川ターミナルビル」は二〇一二（平成二四）年に駅ビルの「旭川エスタ」を閉店した。「苫小牧ステーションビル」は二〇〇〇年に資産をＪＲ北海道に売却して同社の直営とした。しかし、相次ぐテナントの撤退によって、経営が厳しくなり、二〇一六年三月に閉店した。

ＪＲ北海道グループで経営する駅の商業施設としては唯一、札幌駅だけが好調で、一九八八年一一月三日に札幌駅の第一次高架化が完成した際に、高架下のショッピングセンターとして「札幌パセオ」が開業。その後、地下部分も完成している。

関連会社の再編と「Kitaca」の可能性

二〇一六（平成二八）年に鉄道の整備投資資金が不足する状況に陥ったため、優良会社の札幌駅総合開発の株式の一部を売却した。従来はグループ内で八三・五％の株式を持っていたが、第三者に二八七万株を三六億円で売却し、グループの持ち株比率を六六・七％まで低下させた。また、配当要請金額を例年の一〇倍となる七〇億円に引き上げた。これによってJR北海道は四六億円の配当を受け取った。

JR北海道は不動産事業にも力を入れ、直営で旭川近文《ちかぶみ》地区で宅地販売を行ったほか、函館本線のほしみ駅、厚別《あつべつ》－森林公園間で北海道ジェイ・アール不動産を中心に住宅地を開発した。その後、一九九八年度から北海道ジェイ・アール都市開発と組んで旭川永山《ながやま》地区の宅地販売、続いて、岩見沢の幌内線跡地、二〇〇七年から函館上磯地区での宅地開発を開始した。

北海道ジェイ・アール都市開発は、そのほか、二〇〇四年度に旭川で「宮前《みやまえ》ショッピングセンター」（宗谷本線旭川‐新旭川間の線路の隣接地。ただし駅はない）を開業、二〇〇八年一一月には函館市人見町《ひとみちょう》の旧社宅跡地に「人見ショッピングセンター」を開業した。

小売業では一九九二年八月に北海道ジェイ・アール・ダイエーを設立。一九九五年一一月には札幌市東《ひがし》区のアパート地区に、スーパーマーケットを中心にホームセンターと家電量販店を配置したショッピングセンターを開業した。

二〇〇三年一〇月には北海道ジェイ・アール・フーズと組んで「極楽湯《ごくらくゆ》」とのフランチャイズ契約により、さっぽろ弥生《やよい》店（北海道キヨスクが経営する「ホテルさっぽろ弥生」の土地と建物を活用）を開店。そのほかに、さっぽろ手稲店、札幌美《う》しが丘《おか》店（二〇一六年閉店）を経営していた。

北海道ジェイ・アール・フレッシュネス・リテール（一九九九年設立）と組んで札幌市内と近郊でスーパーマーケット「ＪＲ生鮮市場」を店舗展開している。地元のスーパーマーケットの「産直」と提携し、ＪＲ生鮮市場の青果部門を「産直」が出店している。

札幌駅周辺では二〇〇三年五月に「ＪＲタワーホテル日航札幌」を開業したほか、二〇〇八年一〇月には宿泊特化型ホテル「ＪＲイン札幌」を開業した。

「ＪＲタワーホテル日航札幌」はＪＲ北海道の完全子会社であるＪＲ北海道ホテルズが経

営するＪＲ北海道の旗艦ホテルである。「ＪＲイン札幌」はＪＲ北海道ホテルズの一〇〇％子会社である北海道ＪＲインマネジメントに経営が委託されている。現在、ＪＲ北海道のＪＲインは札幌のほか、帯広、旭川、札幌駅南口の四店舗が営業している。

ＪＲ北海道ではＩＣ乗車券として「SAPICA」に参加し、これとは別に自前で「Kitaca」を運用している。いずれもソニーが開発した非接触式のＩＣチップ「FeliCa」を採用しているが、メディアは一緒でも、実際のデータ・フォーマットはソフトウェアで異なってくるため、それぞれ違うＩＣカードのシステムだと考えたほうがわかりやすい。

「SAPICA」は二〇〇七年に札幌市交通局を中心にジェイ・アール北海道バス、じょうてつ、北海道中央バスが共同で「札幌ＩＣカード協議会」を設立し、二〇〇九年から札幌市内の地下鉄でＩＣ乗車券として使用を開始した。その後、二〇一三年には札幌市の市電、ジェイ・アール北海道バス、じょうてつ、北海道中央バスに拡大した。なお、ＪＲ北海道の鉄道では使用できない。

「Kitaca」はＪＲ北海道が発行するＩＣ乗車券で、ＪＲ東日本の「Suica」システムを採用し、二〇〇八年一〇月にＪＲ北海道の札幌都市圏の鉄道で導入した。「Suica」とはもともと相互利用が可能であり、二〇一二年三月二三日に交通系ＩＣカード乗車券の全国相互利用が可能になったことで、「Suica」を経由して各地の交通系ICカードと共通利用が可能となった。

各地の都市交通系のIC乗車券には相互利用ができないものが多く存在し、札幌市の「SAPICA」もそのひとつである。二〇一三年六月に「SAPICA」の改札機を改良して「Kitaca」を「SAPICA」の改札機で利用できる片乗り入れが実施されたが、「SAPICA」を「Kitaca」や「Suica」の改札機で利用することはできない。

札幌での電子マネーのサービスの開始は、「Kitaca」が二〇〇九年三月一四日、「SAPICA」は二〇一一年三月一八日である。それぞれ相互利用はできないが、「Kitaca」は「Suica」と共通利用できる。

JR北海道は本体と子会社でさまざまな事業を行っている。売上高では一定の成果を生んでいるが、個々のプロジェクトを見ると失敗例が目立つ。北海道経済の全体がしぼんでしまったためである。しかし、北海道自体はロシアとの国境地帯であり、未利用の土地も多い。また、インバウンド旅行者に人気のリゾート地でもある。依然として大きな可能性をはらんでいるといえる。

現在は本体の経営を支えるまでにはなっていないが、本業との関連で、旅客輸送や貨物輸送につながる新たな事業展開に期待したい。

たとえば、大規模に装置産業化した農業を構築して、鉄道で農産物を本州に向けて送り出すというのも考えられるだろう。当然、国費を投入し、ＪＲ貨物と連携して、輸送改善のための大規模設備投資も必要になる。

ＪＲ北海道が北海道経済を浮上させるリーディングカンパニーとなることが必要である。

終章　ＪＲ北海道復活への提言

設立当初のフレームワークを見直すべし

国鉄の分割民営化の際に、ＪＲ各社が一％の経常利益を出せるように、新幹線施設を新幹線鉄道保有機構が一括して保有することで本州三社の利益を調整し、ＪＲ貨物に対してはアボイダブルコストにもとづく割安な線路使用料を設定した。ＪＲ三島会社には経営安定基金を設置し、その運用益で経常利益を確保する計算であった。

巨額な国鉄債務の一部をＪＲ本州三社が引き継ぐことで会社間調整をした。実際にＪＲが発足すると、ＪＲ東日本とＪＲ東海が予想外の高収益を出し、最初の見込み違いとなる。一九九一（平成三）年のはじめにバブル経済が崩壊し、株価水準が大きく下がり、土地をはじめとした旧国鉄の余剰資産の売却がままならなくなる。その後の経済の低迷で、国は相次いで景気対策を講じるが、財政政策が財政赤字の拡大で限界に達すると金融緩和政策を推し進めた。金融緩和策は、もちろん金利を低く誘導する政策である。結果的にＪＲ三島会社が持つ経営安定基金の運用益は減少した。これが二番目の見込み違いである。

ＪＲ三島会社は設立当初に青函トンネルと瀬戸大橋の開通があって予想外に旅客が増加し、経営の追い風となったが、バブル崩壊以降は一転して旅客が減少し、利益率が低下した。また、国の政策として地方部でも高速道路が急速に伸びていった。自家用車での遠出が増え、高速バスも急速にネットワークを拡大した。その結果、ＪＲ三島会社は投資余力がなくなり、当初の積極的な設備投資から一転、設備投資を抑制するようになる。

ＪＲ北海道の場合は設備投資を絞るだけでなく、日常的な保守や修繕の経費にまで切り込み、また人件費の削減を目指して社員の削減と外部への委託を拡大していった。それが線路の保守の手抜きを生じ、また本社と現場の意思疎通を滞らせることになった。

ＪＲの経営が国鉄改革の試算と乖離《かいり》してきた段階で制度の見直しを進めるべきであったが、残念ながら小手先の措置ですませてきている。

検討すべき事項は、ＪＲ貨物が支払う線路使用料について、赤字のＪＲ北海道が本州三社と同様に面倒を見るのは正しくないのではないだろうかという点である。環境負荷の小さい鉄道への貨物のシフトを進めるというモーダルシフト政策のためにも、ＪＲ貨物が低い線路使用料の負担ですまされることで黒字経営を可能にすることは国の政策として正しい。ただ、それによってＪＲ北海道が過大に線路の費用を負担するのはいかがなものか。その調整は国によって行われるべきであろう。現状で、整備新幹線の並行在来線には貨物の線路使用料に調整金が上乗せされているのである。

インフラを行政が保有する「上下分離方式」にすべし

北海道は国の産業政策のなかで基幹産業が衰退し、その代わりとなる主力産業が登場しないという問題を抱えている。

食料安全保障の観点から食料の自給率を引き上げるために北海道の広大な土地を利用することも可能であろう。その場合、JR北海道の線路を使って本州に向けて農産物や酪農製品を運ぶことができる。北海道開発という観点から北海道の鉄道を維持する必要性を見いだす必要があるだろう。

海外からの観光客が増えているなかで、北海道が人気の訪問地となっている。交通機関としてはバスより鉄道のほうが居住性は良好である。また、広いスペースを利用していろいろなサービス施設を付設することも可能である。インバウンド観光客の輸送方法としても、鉄道の輸送力が必要になるときが来るだろう。

北海道庁は北海道新幹線の札幌開業まで諸問題を先送りしようとしているが、一三年後に北海道新幹線が開業したとしても、在来線の需要が大きく増加するわけではない。新幹線の収益で経営がいくらか楽になるかもしれないという程度であろう。

国とJR北海道は個別の路線の上下分離によってインフラ経費を自治体が肩代わりする

方法を目指しているように見えるが、これによって負担が増える沿線自治体は強く反対し、なかなか着地点が見えない。最終的には自治体の負担分に総務省の交付金措置で手当てして実質的な負担を軽減する方法をとるのかもしれない。しかし、それによってＪＲ北海道の経営が黒字化するわけではない。再び前向きな経営戦略を立てて積極的な設備投資を行えるだけの体力をつけるには、もっと大胆な発想が必要になる。

たとえば、現在は国土交通省の道路行政を担当する北海道開発局の役割に鉄道のインフラの維持管理に関する行政も管轄させ、現在は道路行政に使っている財源を鉄道のインフラ維持にも流用するという考え方もあるだろう。つまり、沿線自治体が負担する鉄道のインフラ経費の一部を北海道開発局が負担するのである。

消費税率の引き上げが予想されるが、その引き上げ分の税収のうち、公共交通の旅客が支払った分を基金に積み立て、これを国と都道府県の公共交通政策に使うという考え方も可能ではないだろうか。生活必需品への軽減税率の設定が検討されていたが、そのための徴税経費や納税者の手間を考えると合理的ではない。むしろ硬直的な財政によって日本経済も停滞している状況を打開するには、市民生活にとって必要な公共サービスの経費に対する財源を厚くすることが国の責任ではないだろうか。

あとがきにかえて

最後に、鉄道研究のための基本的な資料を紹介する。本書をまとめるのにも使っている。国鉄の歴史事項について調べる基本資料は『日本国有鉄道百年史』である。国鉄が一九七二（昭和四七）年の鉄道百年に合わせて刊行した。本編一五巻と年表、通史、別巻『国鉄歴史事典』からなっている。国鉄の通史は大正時代に刊行された『日本鉄道史』から百年史までのあいだ編纂《へんさん》されなかったため、唯一の資料ということもできる。関連して、『日本鉄道建設公団十年史』『日本鉄道建設公団三十年史』など、各団体が大小さまざまな年史を刊行している。JR発足後は、JR東日本、JR西日本、JR九州が年史を発行し、JR貨物が貨物鉄道の歴史を発行している。

国鉄時代の統計を調べるためには、一般にも市販していた『鉄道統計ダイジェスト　鉄道要覧』があるが、これは全国の集計値しか出ていない。各鉄道管理局でも『鉄道要覧』を発行していたが、これは発行部数が限定されているうえに、配布先もかぎられていたため、ほとんど目にすることもない稀少品《きしょうひん》である。

管理局別、線区別の数字を調べるには国鉄が発行していた『鉄道統計年報』があるが、これは国鉄の内部資料で、市販していなかっただけでなく、入手も難しかった。昭和五〇年代には『鉄道統計資料』という名称に変わった。いずれも八冊くらいでワンセットである。この資料がありがたいのは、全国規模ですべての駅の乗降者数と駅間の通過旅客数や通過貨物量がわかる点である。本書でも只見線の旅客数を調べるのに使った。

また、この資料の鉄道管理局（おおむね現在の支社）別の資料に『鉄道統計年報（管理局編）』というのがある。内容は全国版と同じで、収録地域が限定されるだけである。

車両やダイヤ改正については、本書では本物の「ダイヤグラム」や市販の時刻表を使った。時刻表にも全国版と北海道版がある。また、『交通年鑑』の各版には車両の増備や改造、ダイヤ改正の概要が記載されている。

本書では細かな事項については全国版の新聞や『交通新聞』『北海道新聞』の記事を参考にした。また、一部分は昭和五〇年代から書きためてきた『鉄道ピクトリアル』『鉄道ジャーナル』の掲載記事から流用している。

佐藤信之

イースト新書
091

JR北海道《ほっかいどう》の危機《きき》

日本《にほん》からローカル線《せん》が消《き》える日《ひ》

2017年10月16日　初版第1刷発行

2017年11月25日　初版第2刷発行

著者

佐藤信之《さとうのぶゆき》

編集

畑祐介

発行人

永田和泉

発行所

株式会社
イースト・プレス

〒101-0051
東京都千代田区神田神保町2-4-7久月神田ビル
Tel:03-5213-4700　Fax:03-5213-4701
http://www.eastpress.co.jp

装丁

木庭貴信+川名亜実
（オクターヴ）

本文DTP

松井和彌+臼田彩穂

印刷所

中央精版印刷株式会社

PRINTED IN JAPAN
ISBN978-4-7816-5091-3